TRAINING FRANZÖSISCH

Marion Spangler
Französisch im 1. Lernjahr

STARK

Umschlagbild: © Claude Coquilleau - Fotolia

ISBN 978-3-86668-183-5

© 2013 by Stark Verlagsgesellschaft mbH & Co. KG
www.stark-verlag.de

Das Werk und alle seine Bestandteile sind urheberrechtlich geschützt. Jede vollständige oder teilweise Vervielfältigung, Verbreitung und Veröffentlichung bedarf der ausdrücklichen Genehmigung des Verlages.

Inhalt

Vorwort an die Schüler
Vorwort an die Eltern

Sujet 1:	**Lesen:** *Ma famille et moi*	1
	Wortschatz: Familienbeziehungen	4
	Grammatik: Personalpronomen, bestimmter Artikel, unbestimmter Artikel, Possessivbegleiter (Singular)	4
	Sprechen/Schreiben: Brief, sich vorstellen	12
Sujet 2:	**Lesen:** *Ma ville et ma maison*	14
	Grammatik: Präposition à/de + bestimmter Artikel, Präpositionen, Zahlen von 1 bis 20, Ergänzungsfragen, Entscheidungsfragen	16
	Sprechen: Auskunft erfragen	26
Sujet 3:	**Leseverstehen:** *L'heure et une journée typique*	27
	Grammatik: Uhrzeit, Zahlen von 21 bis 69, regelmäßige Verben auf *-er, aller*	29
	Sprechen/Schreiben: Tagesablauf beschreiben	36
Sujet 4:	**Lesen:** *Au collège*	37
	Wortschatz: Klassenzimmer	41
	Grammatik: *être/avoir/faire*, Possessivbegleiter (Plural)	42
	Sprechen/Schreiben: Schule, Fächer, Vorlieben	45
Sujet 5:	**Lesen:** *Manger et boire en France*	46
	Grammatik: *Impératif*, Mengenangaben, *manger/acheter/prendre*	49
	Sprechen: Aufforderung, Bitte	54
Sujet 6:	**Lesen:** *Faire les courses*	55
	Wortschatz: Obst und Gemüse	57
	Grammatik: *pouvoir/vouloir*, Zahlen von 70 bis 100	58
	Sprechen: Einkaufen	61
Sujet 7:	**Lesen:** *Un week-end à la campagne*	63
	Grammatik: *Futur composé*, Verneinung, Verben auf *-dre*, direkte Objektpronomen	65
	Sprechen: Pläne machen	72

Sujet 8:	**Lesen:** *Les fêtes*	73
	Wortschatz: Party	76
	Grammatik: Datum, Wochentage	76
	Schreiben: Einladung	79

Lösungen 81

Autorin: Marion Spangler
Illustratorin: Rebecca Meyer

Vorwort an die Schüler

Liebe Schülerin, lieber Schüler,

es ist noch gar nicht so lange her, dass du mit dem Erlernen des Französischen begonnen hast. Diese wunderschöne Sprache hat es manchmal allerdings in sich. So fällt es am Anfang jedem Lerner schwer, sich die nicht ganz einfache Schreibung der Wörter und die Grammatik einzuprägen. Dieser Band wird dir dabei helfen, deine Französischkenntnisse zu festigen und zu verbessern.

Der Band ist in **acht Kapitel** unterteilt, von dem jedes einem Thema *(sujet)* aus deinem Alltag gewidmet ist (Familie, Freunde, Schule, Freizeit, Partys …).

- Jedes Kapitel beginnt mit einem **Text** oder **Bild**. Es folgen zahlreiche und abwechslungsreiche Aufgaben zu den Bereichen **Lesen**, **Grammatik** und **Schreiben** bzw. Sprechen.
- Die Aufgaben zur **Grammatik** werden von knappen und einfachen **Erklärungen** begleitet. Französische Beispiele zeigen dir, wie die Grammatik im Französischen angewandt wird.
- Natürlich gibt es zu allen Aufgaben vollständige **Lösungen**. Du findest sie im zweiten Teil des Buches *(Solutions)*. **Hinweise** innerhalb der Lösungen helfen dir dabei, deine Fehler besser zu verstehen.
- Es wird die **neue, empfohlene französische Rechtschreibung** verwendet (die herkömmliche steht in den Lösungen mit dabei). Die neue Rechtschreibung hat insbesondere Auswirkungen auf die Schreibung der Zahlen (alle zusammengesetzten Zahlen können nun generell mit Bindestrich geschrieben werden) und auf das Setzen des Zirkumflexs (^) (auf i und u kannst du ihn in der Regel weglassen, z. B.: *s'il te plait*).

Du brauchst den Band nicht von vorne bis hinten durchzuarbeiten, sondern du kannst einzelne Kapitel bzw. Themen auswählen. Allerdings steigert sich der Schwierigkeitsgrad der Texte zum Ende des Buches hin.

Damit du möglichst schnell Fortschritte machst, solltest du ehrlich zu dir selbst sein und im Lösungsteil erst nachschlagen, wenn du die Aufgabe gemacht hast. Überlege, warum du etwas falsch gemacht hast und versuche dann die Aufgabe ein paar Tage später noch einmal zu lösen.

Ich wünsche dir viel Spaß und Erfolg bei der Arbeit mit diesem Buch!

Marion Spangler

Vorwort an die Eltern

Liebe Eltern,

Ihr Kind hat vor kurzem begonnen, Französisch zu lernen. Es ist eine Sprache mit Strukturen, an die sich Ihr Kind erst gewöhnen muss. Dieser Band hilft dabei, gleich zu Beginn größere Lücken und Probleme im Französischen zu vermeiden.

Der **Schwerpunkt** dieses Buches liegt, wie für die Realschule gefordert, auf **dem Verstehen und praktischen Anwenden der Fremdsprache** in Alltagssituationen.

- Der Band ist in acht Kapitel unterteilt, die sich jeweils einem wichtigen **Thema** aus dem 1. Lernjahr widmen.
- Jedes Kapitel beginnt mit einem **Text** bzw. **Bild**, auf dem die folgenden Aufgaben zu den Bereichen **Lesen**, **Grammatik** und **Schreiben** bzw. Sprechen aufbauen.
- Die **Grammatik** des 1. Lernjahres wird innerhalb der Kapitel anschaulich erklärt und mit einfachen Beispielsätzen verdeutlicht.

Dieser Band eignet sich sowohl zur Ergänzung und Nacharbeitung des Unterrichts, als auch zur Vorbereitung auf Klassenarbeiten. Arbeitet Ihr Kind das Buch (vielleicht in den Sommerferien …) von vorne bis hinten durch, ist dies eine gute Wiederholung für eine eventuelle Nachprüfung und erleichtert außerdem den Einstieg in das 2. Lernjahr.

Viel Erfolg wünscht

Marion Spangler

Sujet 1 : Ma famille et moi

Salut !

Je m'appelle Nicolas Deval.
J'ai 13 ans et j'habite à Lyon.
J'aime le sport et les jeux vidéo.

J'ai une grande famille. Dans ma famille, il y a cinq personnes.
Mon père et ma mère s'appellent Christophe et Sophie.
J'ai un grand frère (16). Il s'appelle Julien. Sur la photo, c'est ma petite sœur Florence (9) avec le chat de sa copine.

Mon père a une sœur qui s'appelle Dominique Bernot. Ma tante Dominique et mon oncle Philippe ont deux enfants : une fille, Emma, et un fils, Quentin. Ils sont donc ma cousine et mon cousin. Ils ont aussi un chien, Victor, et un cochon d'Inde.

Voici mes grands-parents : Pierre et Yvonne Deval. Ce sont les parents de mon père. Ils aiment beaucoup les enfants, les chiens et les chats.

Lesen

1 Ordne die Fotos den Abschnitten 1–4 zu.

☐   ☐   ☐   ☐

2 Fülle den Stammbaum mit den Namen aus dem Text aus.

LA FAMILLE DEVAL

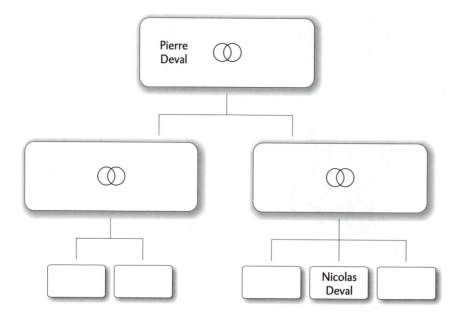

3 Kreuze die Fotos mit den Tieren an, die im Text genannt werden.

☐ ☐ ☐

☐ ☐ ☐

4 Richtig *(vrai)* oder falsch *(faux)*? Kreuze die richtige Antwort an.
Begründe deine Antwort.

		vrai	faux
a	Sophie Deval a deux enfants.	☐	☐
	Justification : _____		
b	L'oncle d'Emma Bernot s'appelle Philippe.	☐	☐
	Justification : _____		
c	Dominique Bernot a un frère.	☐	☐
	Justification : _____		
d	La cousine de Nicolas Deval s'appelle Dominique Bernot.	☐	☐
	Justification : _____		
e	Pierre Deval a une fille et un fils.	☐	☐
	Justification : _____		

Wortschatz

5 Vervollständige mit den passenden Wörtern.

a Dominique est _____ d'Emma.

b Christophe est _____ de Nicolas.

c Pierre et Yvonne sont _____ de Florence.

d Emma est _____ de Julien.

e Emma est _____ de Quentin.

f Christophe est _____ de Pierre.

g Florence est _____ de Sophie.

h Nicolas est _____ de Julien.

i Dominique et Philippe sont _____ de Quentin.

j Victor est _____ de la famille Bernot.

k Julien et Florence sont _____ et _____ de Nicolas.

Grammatik

> **Die Personalpronomen**
>
> Pronomen sind Wörter, die **Nomen ersetzen**. Personalpronomen ersetzen Nomen, die Subjekt eines Satzes sind. Deshalb nennt man sie auch Subjektpronomen.
>
> Im Französischen gibt es 9 Personalpronomen:
>
> | | Singular | | | Plural | | |
> |---|---|---|---|---|---|---|
> | 1. Person | **je** | = | ich | **nous** | = | wir |
> | 2. Person | **tu** | = | du | **vous** | = | ihr/Sie |
> | 3. Person | **il** | = | er | **ils** | = | sie (männl.) |
> | | **elle** | = | sie | **elles** | = | sie (weibl.) |
> | | **on** | = | man/wir/es | | | |
>
> Beachte: Ein gemischtes Paar/eine gemischte Gruppe ist immer männlich! → ils

6 Ersetze die folgenden Personen durch Personalpronomen der 3. Person.

a Nicolas = _____ b Pierre et Yvonne = _____

c Christophe = _____ d Florence et Julien = _____

e Emma et Quentin = _____ f Sophie = _____

Die Artikel

Die Artikel stehen immer **in Verbindung mit einem Nomen**.
Im Französischen gibt es im Unterschied zum Deutschen nur zwei grammatische Geschlechter, nämlich **männlich (Maskulinum: m.)** und **weiblich (Femininum: f.)**.
Das bedeutet für dich, dass du bei jedem neuen französischen Wort dazulernen musst, ob es männlich oder weiblich ist.

Beispiele: la voiture = das Auto
le lait = die Milch

7 Kreuze an, welches Geschlecht die folgenden Nomen im Französischen haben, und übersetze sie.

		m.	f.	Übersetzung
a	la maison	☐	☐	
b	le chien	☐	☐	
c	la sœur	☐	☐	
d	la fleur	☐	☐	
e	la fenêtre	☐	☐	
f	le chat	☐	☐	
g	le vélo	☐	☐	
h	le jardin	☐	☐	
i	la chambre	☐	☐	
j	la cuisine	☐	☐	
k	le chemin	☐	☐	

Der bestimmte Artikel

Im **Singular** gibt es folgende bestimmte Artikel:
- **le** (vor einem männlichen Nomen)
- **la** (vor einem weiblichen Nomen)

Beispiele: le père, le hamster
la mère

Der bestimmte Artikel – egal, ob männlich oder weiblich – wird mit **Apostroph (l')** geschrieben, wenn das nachfolgende Nomen
- mit einem Vokal (a, e, i, o oder u) oder
- mit einem „stummen h" beginnt.

Beispiele: l'amie, l'homme

8 Male alle Felder mit weiblichen Wörtern aus.

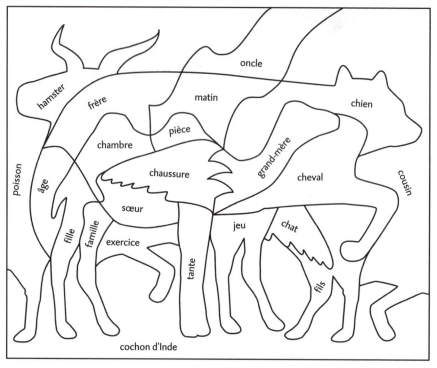

> Im **Plural** gibt es nur einen einzigen bestimmten Artikel, nämlich **les**. Er wird sowohl für die weiblichen als auch für die männlichen Nomen verwendet.
> *Beispiel:* <u>les</u> mères (f.) et <u>les</u> pères (m.)
> Auch wenn das Nomen mit einem Vokal oder einem „stummen h" beginnt, wird der Artikel *les* gesetzt. Aber Achtung bei der **Aussprache**: In diesem Fall wird nämlich das auslautende -s mit dem folgenden Vokal bzw. „stummen h" verbunden und dadurch hörbar (*Liaison*).
> *Beispiele:* <u>les</u> amis (m.) [lezami]
> <u>les</u> hommes (m.) [lezɔm]

9 Setze den passenden bestimmten Artikel ein. Achte darauf, ob das Nomen im Singular oder Plural steht und ob es männlich oder weiblich ist.

a _____ chien   **b** _____ tante   **c** _____ oncles

d _____ cochon d'Inde   **e** _____ cousins   **f** _____ parents

g _____ sœur   **h** _____ filles   **i** _____ oiseaux

> **Der unbestimmte Artikel**
>
> Im **Singular** gibt es folgende unbestimmte Artikel:
> - *un* (vor einem männlichen Nomen)
> - *une* (vor einem weiblichen Nomen)
>
> *Beispiele:* <u>un</u> chien
> <u>une</u> photo

10 Benenne die Gegenstände aus Nicolas Zimmer. Füge jeweils den unbestimmten Artikel hinzu.

1 _____   2 _____
3 _____   4 _____
5 _____   6 _____
7 _____   8 _____
9 _____   10 _____
11 _____   12 _____
13 _____   14 _____
15 _____   16 _____

> Im **Plural** gibt es nur einen unbestimmten Artikel: **des**. Wie bei dem bestimmten Artikel *les* brauchst du nicht zu unterscheiden, ob das Nomen männlich oder weiblich ist:
>
> *Beispiele:* des photos (f.)
> des chiens (m.)
>
> Der Artikel **des** drückt aus, dass ein Nomen in der Mehrzahl vorliegt, dessen **genaue Anzahl** aber **nicht genannt** wird.
>
> Im Deutschen gibt es diesen Artikel nicht. Er wird an dieser Stelle weggelassen:
>
> *Beispiel:* J'ai des photos de ma famille.   Ich habe Fotos von meiner Familie.

11 Schreibe die Substantive in die richtige Spalte.

lit, mère, chien, cousins, famille, livre, sœur, photos, plante, frères, sacs, ordinateur, cahier, fils, fille, CD, tante, table

un	une	des

12 Setze den richtigen Artikel ein *(un, une, des, le, la, l', les)*.

Dans _____ chambre de Nicolas, il y a _____ lit, _____ table et _____ ordinateur. Sur _____ ordinateur, il a _____ jeux vidéo. Nicolas aime _____ musique. Il écoute _____ CD ou _____ radio.
La sœur de Nicolas préfère _____ livres. Mais elle regarde aussi _____ posters et _____ photos de _____ famille. _____ enfants sur _____ photo, ce sont _____ cousins de Florence. Et il y a aussi _____ chien. _____ chien s'appelle Victor.

Die Possessivbegleiter (beim Nomen im Singular)

Possessivbegleiter sind Wörter, die angeben, wem oder zu wem etwas gehört. Sie stehen vor dem Nomen.

1. Person: Ich bin der Besitzer *(mein, meine)*
   mon lit   **ma** table   **mes** livres
2. Person: Du bist der Besitzer *(dein, deine)*
   ton lit   **ta** table   **tes** livres
3. Person: Er oder sie ist der Besitzer *(sein, seine/ihr, ihre)*
   son lit   **sa** table   **ses** livres

Beachte: Die Form des Possessivbegleiters richtet sich danach, ob das **Nomen männlich oder weiblich** ist und nicht (wie im Deutschen) nach dem Geschlecht des Besitzers.

Beispiele: C'est la classe de Sophie. C'est sa classe. (= *ihre Klasse*)
C'est la classe de Nicolas. C'est sa classe. (= *seine Klasse*)

---

13 Ergänze die Tabelle mit den passenden Possessivbegleitern.

mon/ma/mes	**mon** cahier	_____ chat	_____ sœur
	_____ devoirs	_____ cartables	_____ chaussure
ton/ta/tes	**tes** amis	_____ ordinateur	_____ cousins
	_____ chambre	_____ livre	_____ lettres
son/sa/ses	_____ photo	_____ tantes	_____ adresse
	_____ frères	_____ père	_____ pantalon

14 Setze die richtigen Possessivbegleiter in den Brief ein.

Salut Luc !

Ça va ? Merci pour _____ lettre.
Aujourd'hui, je te présente _____ famille. _____ père est policier,
_____ mère est infirmière. J'ai un grand frère. _____ nom
est Julien. Mais j'ai aussi une petite sœur. Elle s'appelle Florence.
J'adore jouer au ping-pong. Je joue souvent avec _____ cousin
Quentin. _____ famille habite à la campagne. _____ mère est
la sœur de _____ père. La famille de Quentin a un chien. _____
nom est Victor. _____ grands-parents aiment beaucoup Victor.
Est-ce que tu pourrais me parler de _____ amis ?

A bientôt,
Nicolas

> Vor einem **weiblichen Nomen**, das mit einem **Vokal** oder einem „**stummen h**" beginnt, wird *ma* zu *mon*, *ta* zu *ton* und *sa* zu *son*.
> Beispiele: une école → mon école
> une histoire → son histoire
> une amie → son amie (vgl. un ami → son ami)

15 Frage deinen Freund, ob die folgenden Sachen ihm gehören. Leite die Frage mit *c'est* bzw. *ce sont* ein.

a *C'est ton cartable* _____ ?   b _____ ?

c _____ ? d _____ ?

16 Emma und Quentin suchen ihre Sachen. Ergänze die fehlenden Wörter mit den passenden Possessivbegleitern.

Emma cherche

a _____

b _____

c _____

d _____

Quentin cherche

a _____

b _____

c _____

d _____

Sprechen/Schreiben

Brief/E-Mail
- **Anrede**
  Cher (prénom)/Chère (prénom),
  Salut (prénom),
  Beachte: Im Französischen wird der folgende Satz mit einem Großbuchstaben begonnen.
- **Gruß und Unterschrift**
  A bientôt, … (Bis bald, …)
  Cordialement, … (schöne/herzliche/liebe Grüße)
  Très chaleureusement, … (Herzlichst, …)

Sich vorstellen
- **Name**
  je m'appelle…
  mon nom est…
- **Alter**
  j'ai… ans
  je suis né le (date) [Junge]/*je suis née le (date)* [Mädchen] (ich bin geboren am …)
- **Familie**
  je suis fils/fille unique (Einzelkind)
  j'ai une sœur/un frère
  j'ai… frères et sœurs
  mon père est (profession), ma mère est (profession) (Beruf)
- **Wohnort**
  j'habite en (pays) (Land)
  j'habite à (ville/village) (Stadt/Dorf)
  j'habite (numéro), (nom de la rue)
- **Vorlieben**
  j'aime…
  j'adore…
- **Abneigungen**
  je n'aime pas…
  je déteste…

17 Du suchst einen französischen Brieffreund bzw. eine französische Brieffreundin. Per E-mail nimmst du Kontakt zu einem gleichaltrigen Schüler/einer gleichaltrigen Schülerin auf. Stelle dich kurz vor.

- *Begrüße den Jungen/das Mädchen.*
- *Sage, wie du heißt und wo du wohnst.*
- *Sage, dass du einen Brieffreund suchst.*
- *Sage, was du magst.*
- *Stelle die Mitglieder deiner Familie vor.*

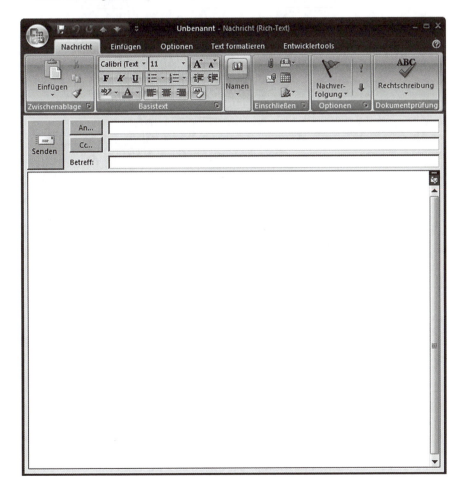

Sujet 2 : Ma ville et ma maison

J'habite à Aix, c'est dans le sud de la France. Voici un plan de ma ville.

Avant l'école, je vais souvent à la boulangerie sur la place Saint Roch. J'y prends un café au lait et un croissant avec mes copains. Et derrière l'église, on peut acheter des glaces super bonnes ! En face de l'église, il y a un hôtel pour les touristes. Ils aiment photographier la grande et jolie fontaine devant la mairie. Le soir, ils vont au restaurant dans la rue de Provence pour dîner. Pour les jeunes, il y a une MJC, une maison de la jeunesse et de la culture. On y trouve des livres, des CD et des DVD, mais on y va aussi pour y retrouver des amis. A côté de l'hôtel, il y a un petit cinéma avec trois salles. On y voit des films spectaculaires ! Près du supermarché, qui est dans la rue de la Bourse, on peut voir une maison à deux étages. C'est la maison où habite mon copain Lucas. Nous jouons souvent au foot ensemble.

Lesen

18 Finde ohne Wörterbuch, nur mithilfe des Kontextes (Textzusammenhangs) heraus, was die folgenden Wörter bedeuten. Kreuze die richtige Übersetzung an.

a la boulangerie
☐ Metzgerei ☐ Bäckerei ☐ Drogerie

b le lait
☐ Zitrone ☐ Tee ☐ Milch

c la glace
☐ Eis ☐ Freundschaft ☐ Stadion

d la mairie
☐ Mädchen ☐ Rathaus ☐ Schiff

e le cinéma
☐ Disko ☐ Bibliothek ☐ Kino

19 Richtig *(vrai)* oder falsch *(faux)*? Kreuze die richtige Antwort an. Begründe deine Antwort.

	vrai	faux

a Nicolas aime aller à la boulangerie. ☐ ☐
Justification : _____

b Les touristes font des photos de la mairie. ☐ ☐
Justification : _____

c La MJC est une maison pour les jeunes. ☐ ☐
Justification : _____

d Lucas habite à quelques kilomètres du supermarché. ☐ ☐
Justification : _____

e Nicolas et Lucas ne s'aiment pas trop. ☐ ☐
Justification : _____

Grammatik

> **Präposition à + bestimmter Artikel**
>
> Trifft die Präposition *à* mit den bestimmten Artikeln *le* bzw. *les* zusammen, verschmilzt sie mit ihnen:
>
> **à + le → au**
> **à + les → aux**
>
> **à + la** bleibt, ebenso **à + l'**
>
> *Beispiele:* au centre ville, aux magasins, à la maison, à l'école

20 Ergänze die Sätze mit der passenden Form von *à* + bestimmter Artikel.

a Avant l'école, Nicolas va ⬜ boulangerie.

b Il n'aime pas aller ⬜ école.

c Nicolas et Lucas jouent ⬜ foot.

d Les touristes aiment manger ⬜ restaurant.

e Le week-end, Nicolas va ⬜ cinéma.

> **Präposition de + bestimmter Artikel**
>
> Trifft die Präposition *de* mit den bestimmten Artikeln *le* bzw. *les* zusammen, verschmilzt sie mit ihnen:
>
> **de + le → du**
> **de + les → des** (Beachte: nicht verwechseln mit dem unbestimmtem Artikel Plural)
>
> *Vergleiche:* J'achète des croissants. (unbestimmter Artikel)
> C'est le bus des touristes. (Präposition *de* + bestimmter Artikel *les*)
>
> **de + la** bleibt, ebenso **de + l'**
>
> *Beispiele:* du centre ville, des magasins, de la maison, de l'école

21 Ergänze die Sätze mit der passenden Form von *de* + bestimmter Artikel.

a Ma sœur joue ⬜ guitare.

b Où est l'entrée *(Eingang)* ⬜ cinéma ?

c Les jeunes aiment les CD _____ MJC.

d Beaucoup de gens ont peur _____ chiens.

e Les touristes font une photo _____ église.

22 Setze die Präpositionen *à* oder *de* ein.
Achtung, manchmal musst du einen Artikel hinzufügen.

Nicolas habite _____ Aix. C'est une ville dans le sud _____ France, au bord _____ mer. Dans le centre ville, il y a des magasins fantastiques. Les jeunes aiment le cinéma _____ ville. _____ école, Nicolas et ses copains discutent _____ films. Ils aiment les films _____ réalisateur Steven Spielberg.

Präpositionen

Präpositionen sind einzelne Wörter oder Wortgruppen, die Beziehungen von Satzteilen ausdrücken. Man unterscheidet:

- **Präpositionen des Ortes**
  Beispiel: <u>devant</u> l'église *(vor der Kirche)*
- **Präpositionen der Zeit**
  Beispiel: <u>depuis</u> samedi *(seit Samstag)*

---

23 Finde mithilfe des Textes die noch fehlenden französischen Präpositionen heraus:

a	in *(Stadt)*	_____	b	auf	**sur**
	in *(Straße)*	_____		unter	**sous**
c	vor *(örtlich)*	**devant**	d	neben	_____
	hinter *(örtlich)*	_____		gegenüber	_____
e	in der Nähe von	_____	f	vor *(zeitlich)*	_____
	weit weg von	**loin de**		nach *(zeitlich)*	**après**

24 Ergänze die Beschreibung mit den passenden Präpositionen.

Voici la salle de séjour de la grand-mère de Nicolas. Au milieu *(in der Mitte)* de la pièce *(Zimmer)*, il y a une table. _____ la table, on peut voir *(sehen)* une tasse de café et une cafetière *(Kaffeekanne)*. _____ la tasse et _____ la cafetière, il y a encore du café. Au-dessus *(oberhalb)* de la table, il y a une lampe, et _____ la table, il y a une chaise. La télé se trouve _____ de la chaise. _____ de la télé, il y a une armoire. Sa porte est ouverte. Et _____ l'armoire, qu'est-ce que c'est ? C'est le chapeau de grand-mère ? Au mur, il y a une horloge. Il est quelle heure ? _____ de l'horloge, c'est l'image préférée du grand-père. Plusieurs livres se trouvent _____ une étagère *(Regal)* au-dessous *(unterhalb)* de l'image. _____ des livres, il y a un vase avec une fleur. Il y a encore une autre plante dans la salle. Tu la vois ? Elle se trouve _____ du fauteuil *(Sessel)*.

> **Die Zahlen von 1 bis 20**
>
> | | | | | | | | |
> |---|---|---|---|---|---|---|---|
> | 1 | = un | 6 | = six | 11 | = onze | 16 | = seize |
> | 2 | = deux | 7 | = sept | 12 | = douze | 17 | = dix-sept |
> | 3 | = trois | 8 | = huit | 13 | = treize | 18 | = dix-huit |
> | 4 | = quatre | 9 | = neuf | 14 | = quatorze | 19 | = dix-neuf |
> | 5 | = cinq | 10 | = dix | 15 | = quinze | 20 | = vingt |

25 Schreibe bitte das Ergebnis der folgenden Rechnungen in Worten aus.

   a trois et deux font _____

   b douze moins cinq font _____

   c quatorze et six font _____

   d seize moins dix font _____

26 Plusieurs copains de Nicolas habitent rue de la République. A quel numéro ? Schreibe die Hausnummern in Worten.

			PAUL	

   a Paul habite au numéro _____ .

   b Baptiste habite dans la deuxième maison de la rue.

      Il habite au numéro _____ .

   c Jade habite entre chez Paul et chez Baptiste.

      Elle habite au numéro _____ .

   d Marine habite à côté de chez Paul.

      Elle habite au numéro _____ .

   e Samuel est le voisin de Baptiste.

      Il habite au numéro _____ .

27 Löse das folgende Sudoku. In jedem Kasten müssen die Zahlen 1–9 verteilt werden. Schreibe die Zahlen aus.

quatre			neuf	six			deux	
huit			quatre		deux			trois
	trois			un		six		
trois								sept
		cinq	neuf	deux			trois	
	neuf	un	huit		six		deux	
un	deux				neuf		cinq	
neuf	six		trois			quatre		
		trois	deux			huit	neuf	

> **Fragen**
>
> Es werden zwei Arten von Fragen unterschieden:
> - Fragen mit Fragewort und
> - Fragen ohne Fragewort.

> **Fragen mit Fragewort**
>
> Fragen mit Fragewort heißen **Ergänzungsfragen**. Häufige französische Fragewörter sind où und que.
>
> Beispiel: Où est Daniel?

28 Trage die richtige Verbform ein (*est* bzw. *sont*).

  a Où _____ son frère ?

  b Où _____ mes amis ?

  c Où _____ tes CD ?

  d Où _____ le chat ?

29 Auf der nächsten Seite findest du den Grundriss der Wohnung, in der Nicolas Freund Théo wohnt. Beantworte die folgenden Fragen.

L'appartement se trouve au rez-de-chaussée *(Erdgeschoss)*. Il y a deux chambres – une pour les parents et une pour Théo – une salle de séjour, une cuisine, une salle à manger et une salle de bain. En été, on peut s'installer sur une petite terrasse.

  a Où est le fauteuil ?

  Le fauteuil est dans _____

  b Où est l'ordinateur ?

  _____

  c Où sont les sept chaises ?

  Il y a une chaise _____

  cinq chaises _____

  et une chaise _____

  d Où sont les trois CD ?

  _____

  e Où est la radio ?

  _____

  f Où est la télé ?

  _____

  g Où sont les plantes ?

  _____
  _____

  h Où sont les quatre livres ?

  _____
  _____

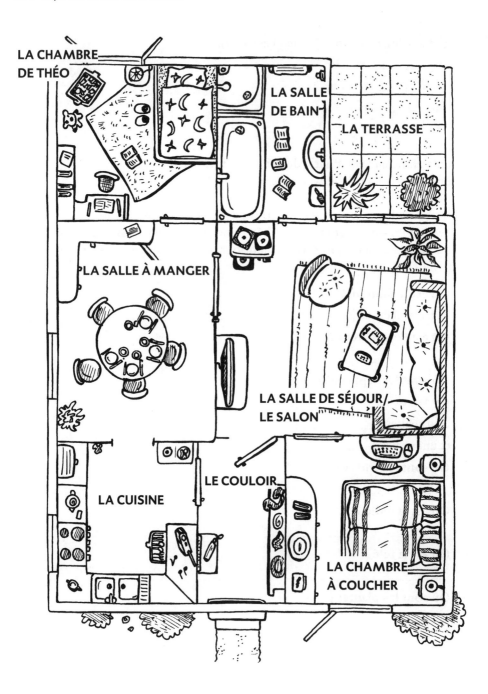

30 *Que fait…? Que font…?* Trage die richtige Frage ein.

a _____
_____ ?
Papa répare la voiture.

b _____
_____ ?
Les grands-parents regardent la télé.

c _____
_____ ?
La mère prépare un gâteau.

d _____ ?
Les enfants mangent des croissants.

e _____ ?
Le chien apporte une baguette.

Fragen ohne Fragewort

Fragen ohne Fragewort heißen **Entscheidungsfragen**. Die Antwort auf eine solche Frage lautet entweder „ja" oder „nein".

Eine Entscheidungsfrage kann folgendermaßen gebildet werden:
- Die Entscheidungsfrage entspricht dem **Aussagesatz**, nur dass im geschriebenen Französisch ein **Fragezeichen** gesetzt wird und im gesprochenen Französisch am Ende des Satzes die **Stimme angehoben** wird (Intonationsfrage).
  Beispiel: Tu aimes le foot ? – Oui./Non.
- Vor den Aussagesatz wird *est-ce que* gesetzt, an den Schluss ein **Fragezeichen**.
  Beispiel: **Est-ce que** tu aimes le foot ? – Oui./Non.

31 Bilde zu den Zeichnungen jeweils die Intonations- und die Entscheidungsfrage mit *est-ce que*.

a **Intonationsfrage:**
Elle téléphone ?

Entscheidungsfrage:
Est-ce qu'elle téléphone ?

b **Intonationsfrage:**
_____?

Entscheidungsfrage:
_____
_____?

c **Intonationsfrage:**
_____?

Entscheidungsfrage:
_____
_____?

d **Intonationsfrage:**
_____?

Entscheidungsfrage:
_____
_____?

Sprechen

> **Auskunft erfragen**
>
> - **Anrede**
>   Madame/Monsieur,…
>   Pardon/Excusez-moi,…
> - **Bitte**
>   Est-ce que vous pourriez m'aider, s'il vous plaît ?
>   Est-ce que vous pourriez me donner un renseignement (Auskunft), s'il vous plaît ?
> - **Dank**
>   Merci (beaucoup).
> - **Entgegnung auf eine Entschuldigung/einen Dank**
>   Je te prie./Je vous en prie.
> - **Verabschiedung**
>   Au revoir.

32 Du bist in einer französischen Kleinstadt unterwegs und willst einkaufen. Du bittest einen Passanten um Auskunft.

   a Spreche den Franzosen höflich an. Sag ihm, dass du seine Hilfe bräuchtest.

   b Er zeigt sich hilfsbereit.

   c Frage, ob es in der Innenstadt einen Supermarkt gibt.

   d Er antwortet, dass einer in der Hauptstraße ist. Er sagt außerdem, dass der Supermarkt in der Nähe der Kirche ist.

   e Du bedankst dich und verabschiedest dich.

   f Er antwortet dir und verabschiedet sich ebenfalls.

Sujet 3 : L'heure et une journée typique

La journée de Nicolas

a _____

b _____

c _____

d _____

e _____

f _____

g _____

h _____

i _____

Lesen

33 Schreibe die folgenden Sätze unter die entsprechenden Bilder.

| Il prend son dîner à sept heures et quart. |
| A trois heures, il fait ses devoirs. |
| A sept heures, il prend son petit-déjeuner. |
| A midi, il va à la cantine. |
| A neuf heures et demie, il va au lit. |
| A sept heures et demie, il va à l'école. |
| Nicola se lève à six heures et quart. |
| A cinq heures et demie, il joue sur l'ordinateur. |
| Il joue au foot à une heure moins le quart. |

34 Ja oder nein *(oui ou non)* ? Kreuze die richtige Antwort an.

                                                              oui non

- **a** Est-ce que Daniel mange des croissants au petit-déjeuner ? ☐ ☐
- **b** Est-ce qu'il prend le bus pour aller à l'école ? ☐ ☐
- **c** Est-ce qu'il mange à la cantine à midi ? ☐ ☐
- **d** Est-ce qu'il joue au tennis l'après-midi ? ☐ ☐
- **e** Est-ce qu'il fait ses devoirs l'après-midi ? ☐ ☐
- **f** Est-ce qu'il regarde la télé le soir ? ☐ ☐
- **g** Est-ce qu'il va au lit avant dix heures ? ☐ ☐

Grammatik

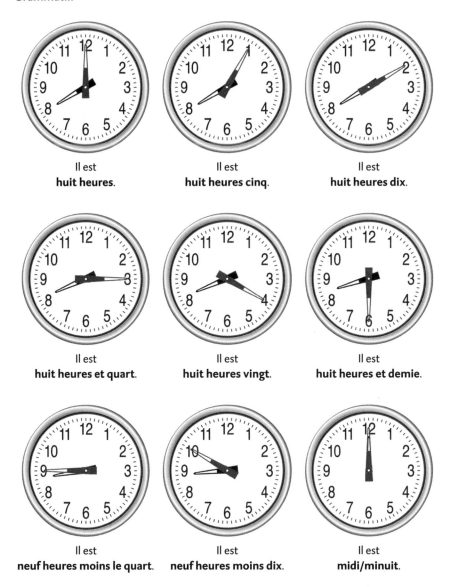

35 Welche Uhrzeit passt zu welchem Bild von der Beschreibung zu Daniels Tagesablauf? Trage den entsprechenden Buchstaben in das Kästchen ein.

36 Schreibe die Uhrzeiten auf Französisch.

Il est…

1 _____   2 _____
3 _____   4 _____
5 _____   6 _____
7 _____   8 _____
9 _____ 10 _____
11 _____ 12 _____
13 _____ 14 _____

> **Zahlen von 21 bis 69**
>
> | | |
> |---|---|
> | 20 = vingt | 30 = trente |
> | 21 = vingt et un/vingt-et-un | 31 = trente et un/trente-et-un |
> | 22 = vingt-deux | 40 = quarante |
> | 23 = vingt-trois | 44 = quarante-quatre |
> | 24 = vingt-quatre | 50 = cinquante |
> | 25 = vingt-cinq | 57 = cinquante-sept |
> | 26 = vingt-six | 60 = soixante |
> | 27 = vingt-sept | 69 = soixante-neuf |
> | 28 = vingt-huit | Beachte: Nach den neuen Rechtschreibregeln |
> | 29 = vingt-neuf | werden alle Zahlen mit Bindestrich geschrieben. |

37 Schreibe die folgenden digitalen Uhrzeiten in Worten aus.

 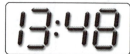 

a Il est _____   b Il est _____   c Il est _____

  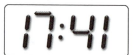

d Il est _____   e Il est _____   f Il est _____

38 Rechne aus und schreibe dann die Rechenaufgaben in Worten.

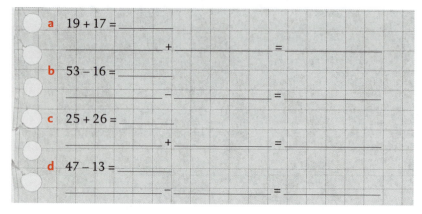

39 Auf der Karte siehst du das Streckenprofil einer Etappe der Tour de France (einer schweren Bergetappe) von Val d'Isère nach Briançon.
Gib die Uhrzeiten genau an.

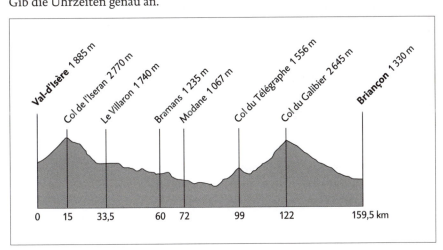

Die Tourleitung hat für diese Etappe den folgenden offiziellen Zeitplan erstellt. Schreibe die angegebenen Durchfahrtszeiten als offizielle Zeitangabe.

a	**Départ**	Val d'Isère	12:30	*douze heures trente*
b		Col de l'Iseran	13:16	
c		Le Villaron	13:34	
d		Bramans	14:08	
e		Modane	14:26	
f		Col du Télégraphe	15:21	
g		Col du Galibier	16:15	
h	**Arrivée**	Briançon	17:01	

> **Regelmäßige Verben auf -er**
>
> Regelmäßige Verben haben in der Grundform (Infinitiv) die Endung *-er*. Bei all diesen Verben bleibt der Verbstamm in allen Formen gleich, nur die Endung ändert sich bei jeder Person:
>
> *Beispiel:* **jouer**
>   je   jou<u>e</u>   nous   jou<u>ons</u>
>   tu   jou<u>es</u>   vous   jou<u>ez</u>
>   il/elle/on   jou<u>e</u>   ils/elles   jou<u>ent</u>
>
> Beachte: Die unterstrichenen **Verbendungen** werden **nicht ausgesprochen**, außer bei *nous* und *vous*.

40 Wende nun das Schema auf das Verb *arriver* an:

j'   _____   nous   _____
tu   _____   vous   _____
il/elle/on   _____   ils/elles   _____

> Beachte: Bei Verben, die mit **Vokal** beginnen, wird das Pronomen für die 1. Person Singular (*je*) wird zu *j'*.
> Bei den Pronomen *nous, vous, ils* und *elles* wird das auslautende *-s* ausnahmsweise gesprochen und mit dem nachfolgenden Verb verschmolzen, so als ob man nur ein Wort sagen würde.

41 Vervollständige mit der richtigen Endung.

a Tu cherch_____ tes copains ? – Non, je cherch_____ mes copines.

b Elle travaill_____ au café ? – Non, elle travaill_____ au restaurant.

c Il port_____ un carton ? – Non, il port_____ une télé.

d Vous aim_____ les chiens ? – Non, nous ador_____ les chats.

e Elles arriv_____ aujourd'hui ? – Non, elles rentr_____ demain.

f Ils téléphon_____ à Patrick ? – Non, ils appell_____ Martin.

42 Fülle das Kreuzworträtsel mit den angegebenen Verbformen aus:

1 porter: elle
2 demander: vous
3 inviter: ils
4 arrêter: on
5 montrer: nous
6 chercher: nous
7 aimer: elles
8 rêver: tu
9 acheter: vous
10 habiter: j'

Das Verb „aller"

Dieses Verb ist das einzige Verb auf *-er*, das unregelmäßig ist. Du musst die Formen deshalb auswendig lernen.

je	vais	nous	allons
tu	vas	vous	allez
il/elle/on	va	ils/elles	vont

43 Setze die richtige Form von „aller" ein.

a Le soir, je __vais__ au lit.
b Le matin, tu _____ à l'école.
c Après l'école, les enfants _____ à la maison.
d Pour jouer au foot, vous _____ au terrain de foot.
e Le week-end, nous _____ en boite.
f Pour manger, je _____ à la cantine.

Sprechen/Schreiben

44   Seinen Tagesablauf beschreiben
Beschreibe deinen Tagesablauf mithilfe von Uhrzeiten. Schreibe ungefähr sechs Sätze.

Sujet 4 : Au collège

Julien Deval, le grand frère de Nicolas, a un correspondant allemand qui habite à Munich. Julien a des photos de son école pour son corres et explique :

Voilà notre école : le collège Marie Curie. A gauche, ce sont les salles de classe, à droite, c'est le gymnase et au milieu, il y a la cantine.

Le groupe, c'est notre classe avec notre prof. Nous sommes devant l'entrée du collège. Là, il y a aussi la cour où nous passons nos récrés.

Ici, mes camarades sont au CDI, le centre de documentation et d'information. On y trouve des livres, des vidéos et des CD ROM. En ce moment, mes camarades font une recherche sur Internet. Ils préparent un projet pour le cours d'allemand.

A midi, je mange à la cantine avec les autres élèves. Après, nous allons dans la cour pour jouer au foot ou nous faisons un match de basket au gymnase.

Voici l'infirmière de notre collège : Mme Lepic. Elle est très gentille et s'occupe des élèves malades.

Lesen

45 Bilde inhaltlich und grammatikalisch richtige Sätze.

Le correspondant de Julien	les élèves	à droite.
Le collège	s'occupe	vont au CDI.
Les salles de classe	est	dans la cour.
Le gymnase	habite	des élèves malades.
A midi, les élèves	mangent	Marie Curie
Les élèves	jouent	à gauche.
Pour surfer sur Internet,	se trouvent	à la cantine.
L'infirmière	s'appelle	à Munich.

a Le correspondant de Julien _____

b Le collège _____

c Les salles de classe _____

d Le gymnase _____

e A midi, les élèves _____

f Les élèves _____

g Pour surfer sur Internet, _____

h L'infirmière _____

46 Kreuze die richtigen Antworten an.

a Julien a
   ☐ un grand frère,
   ☐ un copain en Allemagne,
   ☐ des photos de Munich.

b Le CDI est
- [ ] un gymnase,
- [ ] une salle pour manger,
- [ ] une sorte de *(eine Art)* bibliothèque.

c Les élèves malades
- [ ] vont chez l'infirmière du collège.
- [ ] vont chez le docteur Lepic.
- [ ] vont à l'hôpital à côté du collège.

47 Voilà l'emploi du temps de Julien Deval.

	LUNDI	MARDI	MERCREDI	JEUDI	VENDREDI
8.00 – 8.55	Maths	Allemand	Technologie	Anglais	
9.00 – 9.55	Maths	Histoire-Géo	Maths	Anglais	Sport
10.05 –11.00	Français	Français	Musique	Français	Allemand
11.05 –12.00	Musique	Anglais	Physique/Chimie	Allemand	Histoire-Géo
13.30 –14.30	Technologie	Maths		Physique/Chimie	Arts plastiques
14.35 –15.30	Sport	Biologie		Maths	Arts plastiques
15.35 –16.30	Sport			Histoire-Géo	

Vrai ou faux ? Kreuze die richtige Antwort an.

                                                                vrai   faux

a Julien a cours du lundi au vendredi. ☐ ☐
b Il a quatre heures d'allemand par semaine. ☐ ☐
c Le mercredi après-midi, il est au collège. ☐ ☐
d Les élèves français rentrent à 14h. ☐ ☐
e Julien apprend plusieurs langues étrangères. ☐ ☐
f Il fait du sport le mardi après-midi. ☐ ☐
g Il a des cours de religion. ☐ ☐

Wortschatz

48 Beschrifte die Gegenstände im Klassenzimmer.

Sujet 4 : Au collège

1 _____ 2 _____
3 _____ 4 _____
5 _____ 6 _____
7 _____ 8 _____
9 _____ 10 _____
11 _____ 12 _____
13 _____ 14 _____
15 _____ 16 _____
17 _____ 18 _____

Grammatik

Unregelmäßige Verben

Zu den unregelmäßigen Verben gehören im Französischen unter anderem die Verben **être** *(sein)*, **avoir** *(haben)* und **faire** *(machen)*. Da sie sehr häufig gebraucht werden, musst du sie dir besonders gut einprägen.

49 Vervollständige die Tabellen mithilfe des Textes.

avoir

j'	ai	nous	avons
tu	as	vous	avez
il / elle / on	___	ils / elles	ont

être

je	suis	nous	___
tu	es	vous	êtes
il / elle / on	___	ils / elles	___

faire

je	fais	nous	___
tu	fais	vous	faites
il / elle / on	fait	ils / elles	___

50 Julien, der von Liebeskummer gequält wird, trifft auf der Straße seine beiden Freunde Enzo und Arthur.

Setze die richtigen Formen von „avoir", „faire" und „être" ein.

ENZO et ARTHUR : Salut, Julien ! Mais qu'est-ce que tu _____ (avoir) ?

JULIEN : J' _____ (avoir) un problème. Sophie _____ (avoir) un copain. Je _____ (être) vraiment déprimé…

ENZO : Oh là là Julien, qu'est-ce qu'on _____ (faire) avec toi ?
Nous _____ (faire) un match de foot !

JULIEN : Je n'aime pas le foot…

ARTHUR : Alors, je _____ (faire) un match avec Enzo et après…

JULIEN : Et après… qu'est-ce que vous _____ (faire) ?

ARTHUR : Nous _____ (avoir) un rendez-vous !

ENZO : Oui, un rendez-vous avec deux filles super. Elles _____ (avoir) 15 ans et elles _____ (être) très jolies…

ARTHUR : Une des filles _____ (être) dans la classe de mon frère.
Elles _____ (faire) des photos pour un projet sur le sport.

ENZO : Et nous _____ (être) les stars !
Elles _____ (faire) les photos dans le parc ! On y va !

JULIEN : Euh, … Enzo, Arthur, vous _____ (avoir) un ballon ?

ARTHUR : Mais bien sûr !

Sujet 4 : Au collège

> **Possessivbegleiter (beim Nomen im Plural)**
>
> Wie auf Seite 9 beschrieben sind Possessivbegleiter Wörter, die angeben, wem oder zu wem etwas gehört. Sie stehen vor dem Nomen. Ist der Besitzer eine einzelne Person lauten die Possessivbegleiter *mon/ma/mes, ton/ta/tes* und *son/sa/ses*. Sind die Besitzer mehrere Personen, werden folgende Possessivbegleiter verwendet:
>
> 1. Person: Wir sind die Besitzer *(unser, unsere)*
>   **notre** lit/table   **nos** livres
>
> 2. Person: Ihr seid die Besitzer *(euer, eure)*
>   **votre** lit/table   **vos** livres
>
> 3. Person: Sie sind die Besitzer *(ihr, ihre)*
>   **leur** lit/table   **leurs** livres

51   Setze die richtigen Pluralformen der Possessivbegleiter ein.

Dans la salle de classe

LE PROF : Bonjour tout le monde. D'abord, nous allons corriger _____ devoirs.

     Sortez *(herausnehmen)* _____ cahiers, s'il vous plaît.

LES ELEVES : _____ cahiers sont déjà ouverts.

LE PROF : Alors, Guillaume et Valentin, lisez _____ texte.

GUILLAUME : Valentin n'est pas là, Monsieur.

LE PROF : Ah bon. Alors Emilie et Sophie, lisez _____ devoirs s'il vous plaît.

EMILIE : Sophie n'est pas là non plus *(auch nicht)*.

PROF : Comment ça ? Où sont-ils ?

UN ELEVE : Ils sont chez _____ grands-parents à Paris pour fêter l'anniversaire

     de _____ grand-mère. Vous avez une lettre de_____ parents sur la

     table.

LE PROF : Une lettre ? Elle est où ?

UN ELEVE : Juste devant vous, Monsieur !

     A côté de _____ lunettes…

Sprechen/Schreiben

52 Eure französische Partnerschule macht für die Schülerzeitung eine Umfrage zu eurer Schule und den Dingen, die ihr dort gut oder gar nicht gut findet. Fülle dazu folgenden Steckbrief aus.

Nom, prénom : _____

Classe : _____

Ecole : _____
_____

Les cours commencent à _____

Je rentre à la maison à _____

J'aime _____

J'adore _____

Ma matière préférée, c'est _____

Je n'aime pas _____

Je déteste _____

Sujet 5 : Manger et boire en France

Une recette typique
LA QUICHE LORRAINE

Ingrédients (pour 4 personnes) :
- un rouleau de pâte brisée
- 3 œufs
- 250 g de crème fraiche
- 150 g de lardons
- du fromage râpé
- de la noix de muscade
- du sel, du poivre

Préparation :
1. Etalez la pâte brisée dans un plat à tarte.
2. Piquez le fond avec une fourchette.
3. Mélangez les œufs et la crème fraiche.
4. Salez, poivrez, et ajoutez la noix de muscade râpée.
5. Faites dorer les lardons.
6. Mettez les lardons dans la crème.
7. Versez le mélange sur la pâte.
8. Ajoutez le fromage râpé.
9. Mettez au four pendant 30 min.

Lesen

53 Welche der folgenden Zutaten werden für das nebenstehende Rezept benötigt? Kreuze diese an und schreibe ihre französische Bezeichnung dazu.

54 Welches Bild passt zu welchem Arbeitsschritt? Nummeriere die Bilder.

Grammatik

> **Der „impératif" (Befehlsform)**
>
> Der *impératif* (dt. Imperativ) ist die **Befehlsform**. Hierbei werden **drei Formen** unterschieden, je nachdem, an wen sich die Aufforderung richtet:
>
> an eine Person → Mang**e**. (Form von „je") Iss!
> an mehrere Personen → Mang**ez**. (Form von „vous") Esst!
> (und Personen, die du siezt) Essen Sie!
> an eine Gruppe, der du selbst angehörst → Mang**eons**. (Form von „nous") Essen wir!
>
> Beachte: Der französische *impératif* steht **ohne Personalpronomen** und ohne **Ausrufezeichen**.

55 Bilde den Imperativ und übersetze auf Deutsch.
! bedeutet Aufforderung an eine Person
!! bedeutet Aufforderung an mehrere Personen
!!+ bedeutet Aufforderung an eine Gruppe, der du selbst angehörst.

a !!+ _____ (*regarder*) la télé.
Übersetzung: _____

b ! _____ (*faire*) tes devoirs.
Übersetzung: _____

c !! _____ (*arrêter*) de téléphoner.
Übersetzung: _____

d ! _____ (*rester*) là.
Übersetzung: _____

e !!+ _____ (*jouer*) au foot.
Übersetzung: _____

f ! _____ (*chercher*) tes cahiers.
Übersetzung: _____

g !! _____ (*faire*) les exercices à la page 18.
Übersetzung: _____

h !!+ _____ (*aller*) à la maison.
Übersetzung: _____

56 Beim gemeinsamen Kochen ist es notwendig, dass einer sagt, wo es lang geht. Schreibe die Anweisungen auf, die die Mutter ihrer Familie gibt.

Emma, _____
_____
(aller à la boulangerie – acheter une baguette)

Julien et Nicolas, _____
_____
(prendre un saladier – mélanger la sauce)

Et vous, Monsieur,
_____
_____
(ouvrir une bouteille d'eau)

Julien, _____
_____
(apporter les plats)

_____
_____
(faire un bon repas en famille)

> Der Imperativ von *aller* ist im Singular unregelmäßig und lautet *va*. Im Plural hingegen sind die Formen regelmäßig (*allons, allez*).
> *Beispiel:* <u>Va</u> à l'école.

57 Ersetze die Infinitive auf dem Plakat durch Imperative der 1. Person Singular und der 2. Person Plural.

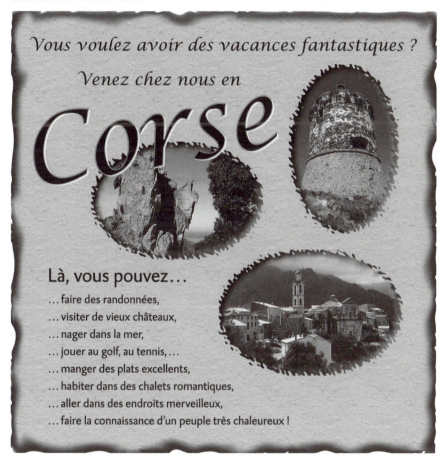

a   Fais des randonnées./Faites des randonnées.
b   _____
c   _____
d   _____
e   _____
f   _____
g   _____
h   _____

> **Mengenangaben**
>
> Mengenangaben werden z. B. beim Einkaufen verwendet, um zu sagen, wie viel Brot, Milch usw. man haben möchte. Du kannst diese Angabe folgendermaßen machen:
> - genau, mit einem Nomen,
>
>   Beispiele:
>   - une boite – eine Dose
>   - un paquet – ein Paket, Päckchen
>   - un sac – eine Tasche/ein Sack
>   - une bouteille – eine Flasche
>   - un kilo – ein Kilo
>   - une brique – Packung (Getränk)
>   - une tablette – eine Tafel
>   - un filet – ein Netz
>   - un verre – ein Glas
>   - un gramme – ein Gramm
>
> - ungefähr, mit einem Adverb.
>
>   Beispiele:
>   - assez – genug
>   - peu – wenig
>   - combien – wie viel, e
>   - beaucoup – viel
>   - trop – zu viel, e
>
> Wenn du eine der oben genannten Mengenangaben verwendest, musst du im Französischen die Präposition *de* hinzufügen: Mengenangabe + *de* (*d'*) + Nomen.
>
> Beispiele:
> - 220 grammes de beurre — 220 Gramm Butter
> - une bouteille d'eau — eine Flasche Wasser
> - un peu de sel — ein wenig Salz
> - combien d'enfants ? — wie viele Kinder?

58 Beschreibe, was du auf dem Bild siehst.

Sur la photo, il y a

a _____

b _____

c _____

d _____

e _____

f _____

g _____

59 Dein französischer Freund möchte mit seiner Klasse etwas typisch deutsches kochen. Du schlägst vor, einen Apfelkuchen zu backen. Sage ihm, welche Zutaten er kaufen muss.

Zutaten:
125 g Butter
1 Pkg. Vanillinzucker *(sucre vanillé)*
125 g Zucker
3 Eier
2 EL *(cuillère à soupe)* Milch
200 g Mehl
2 TL *(cuillère à café)* Backpulver *(levure chimique)*
750 g Äpfel, geschnitten *(coupées)*

La liste des courses

Unregelmäßige Verben

Die Verben *acheter*, *prendre* und *manger* werden im Präsens unregelmäßig gebildet:

manger		acheter		prendre	
je	mange	j'	ach**è**te	je	prends
tu	manges	tu	ach**è**tes	tu	prends
il/elle/on	mange	il/elle/on	ach**è**te	il/elle/on	prend
nous	mang**e**ons	nous	achetons	nous	**prenons**
vous	mangez	vous	achetez	vous	**prenez**
ils/elles	mangent	ils/elles	ach**è**tent	ils/elles	pre**nn**ent

---

60 Vervollständige die Sätze mit der richtigen **Verbform** und **Mengenangabe**.

a Luc _____ *(acheter)* _____ *(1 kg)* tomates.

b Marie _____ *(prendre)* _____ *(2 kg)* oignons.

c Michel et Marc _____ *(acheter)* _____ *(100 g)* fromage.

d Monsieur, vous _____ *(prendre)* _____ *(un peu)* jus d'orange ?

e Mon frère et moi, nous _____ *(manger)* _____ *(beaucoup)* pizza !

f _____ *(combien)* pommes est-ce que tu _____ *(prendre)* ?

Sprechen/Schreiben

> **Aufforderung**
> - **höfliche Bitte**
>   Est-ce que tu pourrais…, s'il te plaît/plaît ?
>   Est-ce que vous pourriez…, s'il vous plaît/plaît ?
> - **Befehl**
>   (Imperativ)
> - **Dank**
>   Merci (beaucoup).

61 Du hast deine Freunde zu einem Kochabend eingeladen. Ihr wollt zusammen Pizza machen.

   a Formuliere die folgenden Aufforderung auf zwei verschiedene Arten: Einmal als **Befehl** und einmal als **höfliche Frage**.

      Fordere deinen Freund/deine Freundin dazu auf
- den Teig vorzubereiten,

    _____

    _____

    _____

- ein bisschen Salz dazuzugeben,

    _____

    _____

- die Tomaten zu suchen.

    _____

    _____

   b Bitte deine Freunde höflich darum,
- den Tisch zu decken,

    _____

    _____

- dir zu helfen.

    _____

    _____

Sujet 6 : Faire les courses

Ce week-end, Mme Deval et Florence veulent faire une ratatouille. Alors, elles discutent dans la cuisine.
FLORENCE : Maman, qu'est-ce qu'il faut pour faire une ratatouille ?
MME DEVAL : Donne-moi le livre avec les recettes de ta grand-mère. Alors, il faut 2 aubergines, 3 courgettes, 250 grammes de tomates, 1 poivron rouge et 1 vert, 1 oignon et de l'ail. On a des poivrons, des oignons et de l'ail, mais on n'a pas le reste…
FLORENCE : On peut aller au marché pour acheter ce qu'il faut. Bien ! J'adore faire les courses au marché. Les vendeuses là-bas sont toujours sympas avec moi.
MME DEVAL : Eh bien, prends le grand sac, ma chérie, et n'oublie pas mon porte-monnaie !

10 minutes plus tard, au stand de Madame Bertrand.
MME BERTRAND : Bonjour Mme Deval, bonjour Florence. Vous désirez ?
MME DEVAL : Nous voulons faire une ratatouille, alors il nous faut quelques légumes.
FLORENCE : Oui, des aubergines, des courgettes, des tomates…
MME BERTRAND : Oui, je sais bien ce qu'il faut pour faire une bonne ratatouille, ma petite. Alors, donne-moi ton grand sac et je vais tout mettre dedans.
MME DEVAL : Merci madame, ça fait combien ?
MME BERTRAND : Les aubergines et les courgettes, c'est 80 centimes la pièce et les tomates, c'est 2 euros le kilo et vous avez 250 grammes… alors, ça fait 4 euros 50.
MME DEVAL : Voilà 5 euros.
MME BERTRAND : Et voilà 50 centimes et une pomme et une orange pour Florence.
FLORENCE : Merci Mme Bertrand et au revoir !
MME BERTRAND : Au revoir et à bientôt.

Lesen

62 Welche Überschrift passt zu dem jeweiligen Abschnitt?

   a Abschnitt 1:
- ☐ La recette de grand-mère
- ☐ Les ingrédients d'une ratatouille
- ☐ La préparation d'une ratatouille

   b Abschnitt 2:
- ☐ Au supermarché
- ☐ Au marché
- ☐ Au stand de M. Bertrand

63 Kreuze die richtigen Antworten an.

   a Pour faire une ratatouille il faut
- ☐ une tomate et une aubergine,
- ☐ deux courgettes et deux aubergines,
- ☐ deux aubergines et des tomates.

   b Au marché, Sophie et sa mère achètent
- ☐ des poivrons,
- ☐ des oignons,
- ☐ des courgettes.

   c Les tomates de Mme Deval coutent
- ☐ 80 centimes la pièce,
- ☐ 2 euros,
- ☐ 50 centimes.

   d La vendeuse offre à Sophie
- ☐ une pomme et 50 centimes,
- ☐ une pomme et une orange,
- ☐ 50 centimes, une pomme et une orange.

Wortschatz

64 Vervollständige das Kreuzworträtsel mit den französischen Begriffen.

→ 1 Banane
5 Birne
9 Zucchini
10 Zwiebel
11 Apfel
12 Ananas

↓ 2 Knoblauch
3 Aubergine
4 Tomate
6 Zitrone
7 Paprika
8 Orange

Grammatik

> **Die Verben *pouvoir* und *vouloir***
>
> Die Verben *pouvoir* (können) und *vouloir* (wollen) werden im Präsens unregelmäßig gebildet:
>
> | pouvoir | | vouloir | |
> |---|---|---|---|
> | je | peux | je | veux |
> | tu | peux | tu | veux |
> | il/elle/on | peut | il/elle/on | veut |
> | nous | pouvons | nous | voulons |
> | vous | pouvez | vous | voulez |
> | ils/elles | peuvent | ils/elles | veulent |
>
> Die beiden Verben *pouvoir* und *vouloir* treten immer in Verbindung mit einem weiteren Verb im Infinitiv auf. Daher werden sie auch als **Hilfsverben** bezeichnet.
>
> *Beispiele:* Mme Deval et Florence <u>veulent</u> <u>faire</u> une ratatouille.
> On <u>peut</u> <u>aller</u> au marché.

65 Setze die richtigen Formen von *pouvoir* und *vouloir* ein.

LUCILE ET YANIS : Maman, on _____ *(pouvoir)* manger une pizza ?

LA MERE : Vous _____ *(vouloir)* manger une pizza ? Vous _____ *(pouvoir)* aussi manger de la salade.

LUCILE : Mais, on n'aime pas la salade. Nous _____ *(vouloir)* une pizza !

LA MERE : Lucile, tu _____ *(vouloir)* toujours manger des pizzas, des hamburger, des frites... Ce n'est pas bon pour toi !

YANIS : Mais maman, je _____ *(pouvoir)* faire une pizza avec beaucoup de légumes. Lucile, toi et moi, nous _____ *(pouvoir)* faire la pizza ensemble.

LA MERE : D'accord, si vous _____ *(vouloir)*... Mais demain, je _____ *(vouloir)* manger de la salade !

LUCILE ET YANIS : Merci maman !

Sujet 6 : Faire les courses

> **Zahlen von 70 bis 100**
>
> Ab der Zahl 70 werden die Zahlen zusammengesetzt.
> 70: soixante-dix   72: soixante-douze
> 80: quatre-vingts   84: quatre-vingt-quatre
> 90: quatre-vingt-dix
>
> Wenn die Zahlen 21, 31, 41, 51, 61 und 81 vor einem **weiblichen Nomen** stehen, wird *un* zu *une*.
> *Beispiel:* Il y a vingt-et-<u>une</u> filles dans notre classe.

66 Vervollständige die folgende Liste.

- 60 soixante
- 70 soixante-dix
- 80 quatre-vingts
- 90 quatre-vingt-dix

- 61 soixante-et-un/une
- 71 soixante-et-onze
- 81 quatre-vingt-un/une
- 91 quatre-vingt-onze

- 62 soixante-deux
- 72 soixante-douze
- 82 _____
- 92 _____

- 63 _____
- 73 _____
- 83 quatre-vingt-trois
- 93 _____

- 64 _____
- 74 _____
- 84 _____
- 94 quatre-vingt-quatorze

- 65 _____
- 75 _____
- 85 quatre-vingt-cinq
- 95 _____

- 66 _____
- 76 soixante-seize
- 86 _____
- 96 _____

- 67 soixante-sept
- 77 _____
- 87 _____
- 97 _____

- 68 _____
- 78 soixante-dix-huit
- 88 _____
- 98 _____

- 69 _____
- 79 _____
- 89 quatre-vingt-neuf
- 99 _____

67 Mathis, Lisa, Noémie, Baptiste und Jules spielen eine Art Bingo. Mathis, Lisa, Noémie und Baptiste bekommen jeweils einen Zettel mit neun Zahlen.

Jules, der Spielleiter, zieht aus einer Trommel Zettel mit ausgeschriebenen Zahlen, die er der Reihe nach vorliest. Wenn einer der vier Spieler die vorgelesene Zahl auf seinem Zettel findet, darf er sie durchstreichen. Es gewinnt derjenige, der als erster alle Zahlen auf seinem Zettel durchgestrichen hat. Wer hat gewonnen? (Achtung: Manche Zahlen stehen auf mehreren Zetteln)

Jules

treize, soixante-deux, cinquante-et-un, quatre-vingt-un, cinquante-neuf, trente, soixante-dix-sept, quarante-cinq, dix-neuf, soixante-quatre, onze, quatre-vingt-douze, trente-six, soixante-huit, quatre-vingt-cinq, trente-neuf, soixante-quatorze, quatre-vingts, quarante-quatre, seize

MATHIS

64	81	12
39	95	51
35	66	61

LISA

85	36	77
44	19	80
59	16	68

NOEMIE

36	62	30
94	81	73
56	92	74

BAPTISTE

39	75	62
45	13	89
19	80	11

Sprechen/Schreiben

Einkaufen

- **Wunsch**
  Vous désirez ?
  Je voudrais (avoir)…
  Il me faut…
  Je prends…
  C'est tout.
- **Bezahlen**
  Ça fait/coute combien ? – Ça fait/coute…
  C'est cher./Ce n'est pas cher.
  Voilà …euros.

68 Du bist auf dem Wochenmarkt und willst die Zutaten für einen Obstsalat einkaufen. Wie lautet der Dialog zwischen dir und der Verkäuferin? Schreibe die Zahlen aus.

VERKÄUFERIN : Sie begrüßt dich und fragt dich, was du gerne hättest.

_____
_____
_____
_____

DU : Du begrüßt sie auch und sagst, dass du einen Obstsalat machen möchtest.

_____
_____
_____
_____

VERKÄUFERIN : Sie sagt, dass man für einen Obstsalat Äpfel, Bananen und Kiwis nimmt.

_____
_____
_____
_____

DU : Du sagst, dass du dann 3 Kiwis, 2 Bananen und 1 Kilo Äpfel nimmst.

_____
_____
_____
_____

Verkäuferin : Sie fügt hinzu, dass die Kiwi heute nur 30 Cent das Stück kosten.
_____
_____
_____
_____

Sie fragt, ob das alles ist.
_____

Du : Du bejahst und willst außerdem wissen, wie viel das alles kostet.
_____
_____
_____
_____

Verkäuferin : Sie sagt, dass die Kiwis 90 Cent, die Bananen 1 € und die Äpfel 1,40 € kosten.
_____
_____
_____
_____

Du : Du gibst ihr 5 €.
_____
_____
_____
_____

Verkäuferin : Sie gibt dir das Wechselgeld. *(ausrechnen!)*
_____
_____
_____
_____

Du : Du verabschiedest dich.
_____
_____
_____
_____

Verkäuferin : Sie bedankt sich und verabschiedet sich auch. Außerdem hofft sie, dass du bald wiederkommst.
_____
_____
_____
_____

Sujet 7 : Un week-end à la campagne

Les Deval aiment habiter à Paris. On peut faire beaucoup de choses dans une grande ville. Mais parfois, ils vont à la campagne pour passer un week-end dans une ferme près de Chartres. Comme ça, les enfants peuvent jouer dehors et s'amuser avec les animaux. Ce week-end, les Deval veulent aussi faire un tour à vélo. Alors, il faut s'organiser :

NICOLAS : Maman, qu'est-ce qu'on va faire ce week-end ?
MAMAN : Nous allons passer le week-end à la ferme des Ferrier.
FLORENCE : Super ! J'adore leurs petits chats et leur chien Filou. Je vais prendre une photo des petits chats et de Filou pour les montrer à mes copains à l'école.
MAMAN : On va aussi faire un peu de sport, ma chérie ! M. et Mme Ferrier vont trouver des vélos et alors, on va faire un petit tour…
JULIEN : Faire du vélo avec toute la famille ? C'est nul ! Moi, je vais rester à Paris pour sortir avec mes copains…
PAPA : Ah non Julien ! Tu ne vas pas rester ici. On va y aller tous ensemble.
MAMAN : Et à midi, on ne va pas aller au restaurant. Nous allons faire un pique-nique au bord du lac. Florence et grand-mère vont préparer une quiche et des sandwichs. En plus, nous allons apporter du fromage. Et vous les enfants, vous allez nager ou faire du bateau. Tu vas voir, Julien, on va s'amuser !
JULIEN : Je ne sais pas…
PAPA : Alors, tout le monde va faire ses valises maintenant ! Et n'oubliez pas vos chaussures de sport !

Lesen

69 Wie reagieren Florence und Julien auf den Vorschlag ihrer Eltern? Verbinde ihre Namen mit dem entsprechenden Smiley.

FLORENCE   JULIEN

70 *Vrai ou faux*? Kreuze an. Begründe deine Antwort.

                                                                                vrai faux

a La famille Deval aime habiter dans une grande ville. ☐ ☐
Justification : _____

b Les Deval vont passer leurs vacances dans une ferme. ☐ ☐
Justification : _____

c Ce week-end, ils veulent faire du bateau. ☐ ☐
Justification : _____

d Daniel aime les petits chats et le chien. ☐ ☐
Justification : _____

e M. et Mme Ferrier ont une ferme avec des animaux. ☐ ☐
Justification : _____

f Julien veut rester à Paris. ☐ ☐
Justification : _____

g Les grands-parents vont trouver des vélos et préparer un pique-nique.

Justification : _____

_____

h A la ferme, les enfants peuvent nager.

Justification : _____

_____

Grammatik

> **Das „futur composé"**
>
> Die Zeitform der Zukunft (Futur) setzt sich im Französischen aus einer **Form von** *aller* + **Grundform eines Verbs** zusammen.
>
> *Beispiel:* Je vais acheter des pommes.

71 Kreuze zu jedem Bild die passende Aussage an.

a Les grands-parents de Pierre
- [ ] vont faire un pique-nique,
- [ ] vont aller manger dans un restaurant,
- [ ] vont inviter leurs voisins à diner.

b Je
- [ ] vais faire du vélo.
- [ ] vais réparer mon vélo.
- [ ] vais avoir un accident.

c Le chien
- [ ] va boire.
- [ ] va manger.
- [ ] va dormir.

d Les enfants
☐ vont prendre un bain de soleil.
☐ vont aller nager.
☐ vont faire du jogging.

e Tu
☐ vas avoir une bonne note.
☐ vas avoir tes devoirs demain.
☐ vas dessiner une image.

72 Bilde Sätze im *Futur composé*.

LUNDI	Sophie : jouer au ping-pong avec Léa
MARDI	Marcel : regarder le film « Oscar et la dame rose »
MERCREDI	Papa : aller chez le médecin
JEUDI	Sophie : avoir un test en anglais
VENDREDI	Sophie et Marcel : inviter des copains
SAMEDI	Toute la famille : aller au stade
DIMANCHE	Marcel : faire un tour en vélo avec les voisins

a Lundi, Sophie va jouer au ping-pong avec Léa.
b _____ .
c _____ .
d _____ .
e _____ .
f _____ .
g _____ .
h _____ .

> **Die Verneinung**
>
> Im Französischen wird die Verneinung mit *ne…pas* gebildet. *Ne* steht direkt vor dem konjugierten (gebeugten) Verb, *pas* direkt dahinter.
> *Beispiele:* Le dimanche, je ne vais pas à l'école.
> Je ne veux pas visiter le Louvre.
> Je ne vais pas aller au bord de la mer cette année.
> Beachte: Vor Vokal und „stummen *h*" wird *ne* zu *n'*.
> *Beispiel:* Je n'aime pas le foot.

73 Verneine die folgenden Behauptungen. Schreibe dann, um welches Tier es sich tatsächlich handelt.

C'est un cochon ? C'est une vache ? C'est un coq ?
Non, ce n'est pas un cochon, c'est un chat.

C'est un mouton ? C'est un poisson ? C'est un cheval ?

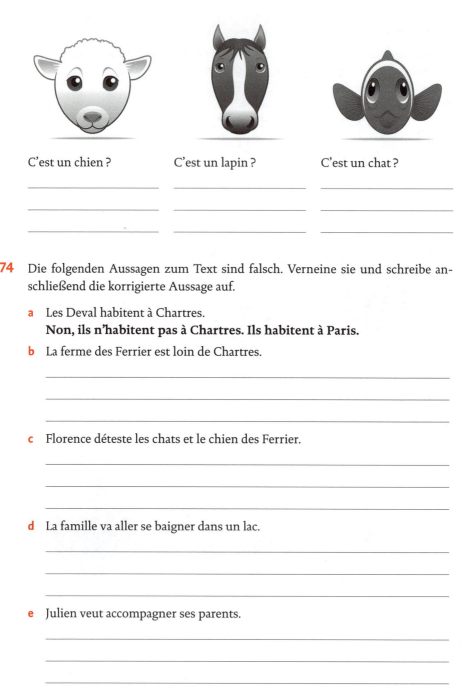

C'est un chien ?   C'est un lapin ?   C'est un chat ?
_____   _____   _____
_____   _____   _____
_____   _____   _____

74 Die folgenden Aussagen zum Text sind falsch. Verneine sie und schreibe anschließend die korrigierte Aussage auf.

a Les Deval habitent à Chartres.
Non, ils n'habitent pas à Chartres. Ils habitent à Paris.

b La ferme des Ferrier est loin de Chartres.
_____
_____
_____

c Florence déteste les chats et le chien des Ferrier.
_____
_____
_____

d La famille va aller se baigner dans un lac.
_____
_____
_____

e Julien veut accompagner ses parents.
_____
_____
_____

> **Unregelmäßige Verben: Die Verben auf -dre**
>
> Die Verben auf *-dre* haben im Singular andere Endungen als die Verben auf *-er*. Im Plural haben sie hingegen die gleichen Endungen.
>
> | parler | | attendre | |
> |---|---|---|---|
> | je | parl**e** | j' | attend**s** |
> | tu | parl**es** | tu | attend**s** |
> | il/elle/on | parl**e** | il/elle/on | attend |
> | nous | parl**ons** | nous | attend**ons** |
> | vous | parl**ez** | vous | attend**ez** |
> | ils/elles | parl**ent** | ils/elles | attend**ent** |
>
> Alle Verben auf *-dre* werden wie das Beispiel *attendre* gebildet. Eine Ausnahme bildet nur das Verb *prendre* (siehe Seite 53).

75 Bilde die Formen der folgenden Verben im Indikativ Präsens.

entendre	répondre	vendre

76 Entschlüssele den Code. Welche Verbformen verbergen sich dahinter? Schreibe das passende Personalpronomen davor. Beachte, dass ein paar Formen mehrdeutig sind.

♋	♌	♍	♎	♏	♐	♑	♒	♓	et	&	●	○
A	B	C	D	E	F	G	H	I	J	K	L	M

☞	✎	☼	⚑	✈	☜	✌	☠	☺	☞	✡	✉	✐
N	O	P	Q	R	S	T	U	V	W	X	Y	Z

Sujet 7 : Un week-end à la campagne

a [symbols] _____
b [symbols] _____
c [symbols] _____
d [symbols] _____
e [symbols] _____
f [symbols] _____
g [symbols] _____
h [symbols] _____
i [symbols] _____
j [symbols] _____

Direkte Objektpronomen

Der Satzteil, nach dem mit „Wen?" oder „Was?" gefragt wird, heißt direktes Objekt.

Beispiele: Ines adore la musique pop.
Louis fait ses devoirs.

Um das direkte Objekt nicht wiederholen zu müssen, kann es durch ein Pronomen ersetzt werden. Die direkten Objektpronomen lauten im Französischen **le/la/les**, das heißt sie haben dieselbe Form wie die bestimmten Artikel. Sie stehen grundsätzlich **vor dem Verb** (beim *futur composé* **vor dem Infinitiv**).

Beispiele: Sophie regarde la photo.   Elle la regarde.
Sophie regarde le chien.   Elle le regarde.
Sophie va regarder les chats.   Elle va les regarder.

Vor Vokal und stummen „h" werden *le* und *la* zu **l'** verkürzt.

Beispiel: « Sophie, tu as la photo ? » – « Oui, je l'ai. »

---

77 Unterstreiche in den Sätzen die direkten Objekte und ersetze sie dann durch ein Pronomen.

a Nous passons le week-end à la ferme.

_____ .

b Je fais une photo des petits chats.

_____ .

c Papa, tu as les sandwichs ?
Oui, je _____ .

d Sophie aime les chats et les chiens.

_____ .

e Sophie et Daniel, vous avez le sirop de menthe *(Pfefferminz)* et la salade ?
Oui, nous _____ .

f Je cherche mon vélo.

_____ .

78 Florian, der deutsche Austauschpartner von Hugo kommt nach Paris. Antoine, der Freund von Hugo, fragt nach. Ersetze in den Antworten die direkten Objekte durch direkte Objektpronomen.

ANTOINE : Hugo et sa classe vont prendre l'avion pour aller à Paris ?

HUGO : Oui, ils vont le prendre.

ANTOINE : Vous allez visiter la Tour Eiffel ?

HUGO : Oui, nous _____ .

ANTOINE : Vous allez voir le film « Entre les murs » au cinéma ?

HUGO : Oui, nous _____ .

ANTOINE : Tu vas montrer notre boite préférée à Florian ?

HUGO : Oui, je _____ .

ANTOINE : Tes parents vont préparer la spécialité de la région pour Florian ?

HUGO : Oui, ils _____ .

ANTOINE : Ta mère va présenter Florian à vos voisins ?

HUGO : Oui, elle _____ .

ANTOINE : Tu vas emmener Florian à l'école ?

HUGO : Oui, je _____ .

ANTOINE : Florian va assister à notre cours d'allemand ?

HUGO : J'espère que non ! Je suis nul en allemand.

Sprechen

Diskussion

- **Vorschläge machen**
  On peut faire…/On pourrait faire…
- **einen Vorschlag annehmen**
  D'accord.
  C'est une bonne idée.
  C'est super/génial.
- **einen Vorschlag ablehnen**
  Non, je ne veux pas./Non, c'est nul.
- **einen Gegenvorschlag anbringen**
  Non, je ne veux pas, mais on peut/pourrait faire…
  Non, je préfère faire….

79 Dein Freund will mit dir zusammen etwas in den Ferien machen. Ihr bringt verschiedene Vorschläge und diskutiert darüber.

Dein Freund will wissen, was du in den Ferien machen wirst.

_____.

Du sagst, dass du es nicht weißt, weil du zu Hause bleiben wirst.

_____.

Er schlägt vor ins Kino zu gehen.

_____.

Du findest das öde. Du willst lieber draußen etwas machen. Du schlägst vor schwimmen zu gehen.

_____.

Dein Freund ist einverstanden. Er schlägt vor, mit den Rädern an den See zu fahren.

_____.

Du findest die Idee super und sagst, dass deine Mutter belegte Brote für euch vorbereiten kann.

_____.

Ihr verabredet euch für den nächsten Nachmittag um 14 Uhr.

_____.

Sujet 8 : Les fêtes

Lyon, le 13 juillet

Cher Nicolas,

Comment vas-tu ? Qu'est-ce que tu vas faire demain pour le 14 juillet ? Vous allez voir la parade sur les Champs-Élysées ? Ah, c'est vraiment bien d'habiter à Paris...

Nous, nous allons rester ici et faire un pique-nique avec toute la famille. Ce n'est pas très spectaculaire. Mais, j'espère quand même qu'il ne va pas pleuvoir...

Tu sais que c'est mon anniversaire bientôt. Alors, je veux bien faire une grande fête et inviter beaucoup de copains ! Comme c'est en aout, tout le monde est en vacances. Je vais préparer un barbecue dans notre jardin avec des saucisses, des steaks, de la salade, etc. Et il faut bien sûr de la musique. Est-ce que tu as envie de venir et d'être le DJ ? Tu as beaucoup de CD et aussi un bon ordinateur avec des mp3.

J'attends ta réponse et j'espère que tu vas dire « oui » !

A bientôt,
Quentin

Lesen

80 Welche zwei der folgenden Abbildungen passen zum Text?

81 *Vrai, faux ou pas dans le texte ?* Kreuze an.

		vrai	faux	p.d.t.
a	Nicolas et Quentin vont fêter le 14 juillet ensemble.	☐	☐	☐
b	Quentin et sa famille vont voir la parade sur les Champs-Elysées.	☐	☐	☐
c	L'anniversaire de Quentin est le 5 aout.	☐	☐	☐
d	Quentin va fêter son anniversaire à Paris.	☐	☐	☐
e	Pour la fête, il voudrait bien avoir un DJ.	☐	☐	☐
f	Dans le jardin, il y a beaucoup à manger et à boire.	☐	☐	☐

82 Vervollständige die Sätze mit Wörtern aus dem Text.

a Le 14 juillet, il y a _____ sur les Champs-Elysées.

b C'est bien _____ à Paris parce qu'on peut faire beaucoup de choses intéressantes.

c Je vais faire un pique-nique. J'espère qu'il ne va pas _____ .

d Tu vas _____ tes copains pour ton anniversaire ?

e Avoir une maison avec _____ c'est bien pour faire un barbecue.

f En aout, tout le monde est _____ , par exemple au bord de la mer.

g Pour jouer des mp3, il faut par exemple _____ .

Wortschatz

83 Erstelle zu dem Thema „faire une fête" eine Mindmap.

faire une fête

Grammatik

Das Datum

Das Datum wird im Französischen mit den „normalen" Zahlen angegeben, nicht wie im Deutschen mit den Ordnungszahlen.

Beispiel: le 11 juin   der/am 11. Juni

Ausnahme: Der erste eines Monats.

Beispiel: le <u>premier</u> janvier (le 1er janvier)

Im Französischen verwendet man bei der Angabe des Datums das Verb *être*.

Beispiel: Nous <u>sommes</u> le 11 juin./On <u>est</u> le 11 juin.

84 Nicolas Geburtstagskalender. Schreibe auf Französisch, wann Nicolas Familienmitglieder und Freunde Geburtstag haben.

L'anniversaire de…

maman   est le six janvier.

Emma   _____.

Florence   _____.

grand-mère   _____.

Pascal   _____.

Julien   _____.

Quentin   _____.

papa   _____.

grand-père   _____.

Jean-Paul   _____.

> **Die Wochentage**
>
> Wochentage stehen im Französischen
> - **mit dem bestimmten Artikel**, wenn etwas **regelmäßig** stattfindet,
>   *Beispiel:* le mardi *(dienstags/jeden Dienstag)*
> - **ohne Artikel**, wenn etwas **einmalig** stattfindet.
>   *Beispiel:* vendredi *(am Freitag/diesen Freitag)*

85 In seinem Wochenplan hat Quentin seine Termine für die Woche aufgeschrieben. Es sind sowohl Termine, die sich jede Woche wiederholen, als auch Termine, die einmalig sind (weil sie mit seiner großen Party zusammenhängen). Bilde ganze Sätze.

LUNDI	jouer au foot au club
MARDI	regarder les Simpson à la télé
MERCREDI	trouver un gril pour le barbecue
JEUDI	aller au cours de guitare
VENDREDI	faire les courses pour la fête
SAMEDI	faire la fête
DIMANCHE	ranger le jardin

a **Le lundi**, il joue au foot au club.
b
c
d
e
f
g

Schreiben

> ### Einladung
>
> Eine Einladung besteht mindestens aus folgenden Teilen:
>
> - **Anrede**
>   Cher (prénom)/Chère (prénom),
>   Salut (prénom),
>   Beachte: Im Französischen wird der folgende Satz mit einem Großbuchstaben begonnen.
>
> - **Anlass**
>   Je t'invite à fêter mon anniversaire/
>   au réveillon du 31 décembre (Silvesterparty)/
>   au cinéma.
>
> - **Datum und Uhrzeit**
>   le (jour/mois) à (heure) (um …)
>   à partir de (heure) (ab …)
>   de (heure) à (heure) (von … bis …)
>   la fête commence à (heure) et finit à (heure)
>
> - **Ort**
>   à (lieu)/dans (lieu) (in …)
>   chez moi/mes parents/… (bei …)
>   la fête va être à/dans/chez…
>   nous allons nous retrouver à/dans/chez…
>   nous allons fêter à/dans/chez…
>
> - **Gruß und Unterschrift**
>   A bientôt, … (Bis bald, …)
>   Cordialement, … (schöne/herzliche/liebe Grüße)
>   Très chaleureusement, … (Herzlichst, …)

86 Lade einen Freund/eine Freundin zu deinem Geburtstag ein.
- Zeit: 16. September, von 19–22 Uhr.
- Ort: Garten (Grillfeier)
- Mitbringen: entweder Salat oder Nachspeise und Musik/CDs
- Rückmeldung: bis Samstag, den 10. September

INVITATION

_____,

Je t'_____ à fêter _____

_____ le _____ _____.

La fête commence à _____ _____ et

finit à _____ _____.

On va faire _____ dans

_____ _____.

Apporte _____ ou _____

et _____, s'il te plait.

Dis-moi avant le _____ _____

_____ si tu viens ou pas.

_____

Lösungen

Sujet 1 : Ma famille et moi

1

| 1 | 3 | 2 | 4 |

2

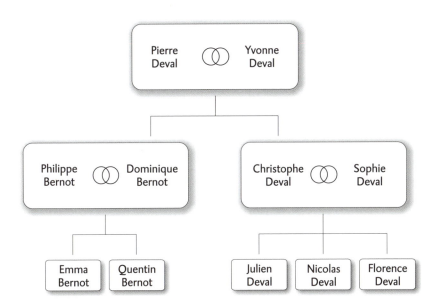

3

Hinweis:
Die abgebildeten Tiere heißen auf Französisch:
le chat → die Katze
le lapin → das Kaninchen, der Hase
le cochon d'Inde → das Meerschweinchen
le chien → der Hund
le poisson → der Fisch
le perroquet → der Papagei
l'oiseau (m.) → der Vogel

		vrai	faux
4 a	Sophie Deval a deux enfants.	☐	☒
	Justification : Elle a trois enfants : Julien, Nicolas et Florence.		
b	L'oncle d'Emma Bernot s'appelle Philippe.	☐	☒
	Justification : Philippe Bernot est le père d'Emma. L'oncle d'Emma s'appelle Christophe Deval.		
c	Dominique Bernot a un frère.	☒	☐
	Justification : C'est Christophe Deval.		
d	La cousine de Nicolas Deval s'appelle Dominique Bernot.	☐	☒
	Justification : Dominique Bernot est la tante de Nicolas. La cousine de Nicolas s'appelle Emma.		
e	Pierre Deval a une fille et un fils.	☒	☐
	Justification : La fille s'appelle Dominique et le fils Christophe.		

5
a Dominique est **la mère** d'Emma.
b Christophe est **le père** de Nicolas.
c Pierre et Yvonne sont **les grands-parents** de Florence.
d Emma est **la cousine** de Julien.
e Emma est **la sœur** de Quentin.
f Christophe est **le fils** de Pierre.
g Florence est **la fille** de Sophie.
h Nicolas est **le frère** de Julien.
i Dominique et Philippe sont **les parents** de Quentin.
j Victor est **le chien/l'animal domestique** de la famille Bernot.
k Julien et Florence sont **le frère** et la **sœur** de Nicolas.

6
a Nicolas = **il**
b Pierre et Yvonne = **ils**[1]
c Christophe = **il**
d Florence et Julien = **ils**[1]
e Emma et Quentin = **ils**[1]
f Sophie = **elle**

Hinweis:
1 Denke daran, dass bei **gemischten Gruppen** (männlich und weiblich) das **männliche Pronomen** *ils* verwendet wird.

7

		m.	f.	Übersetzung
a	la maison[1]		X	das Haus
b	le chien	X		der Hund
c	la sœur		X	die Schwester
d	la fleur		X	die Blume
e	la fenêtre[1]		X	das Fenster
f	le chat[1]	X		die Katze
g	le vélo[1]		X	das Fahrrad
h	le jardin	X		der Garten
i	la chambre[1]		X	das Zimmer
j	la cuisine		X	die Küche
k	le chemin	X		der Weg

Hinweis:
1 Im Deutschen haben diese Wörter ein anderes Geschlecht.

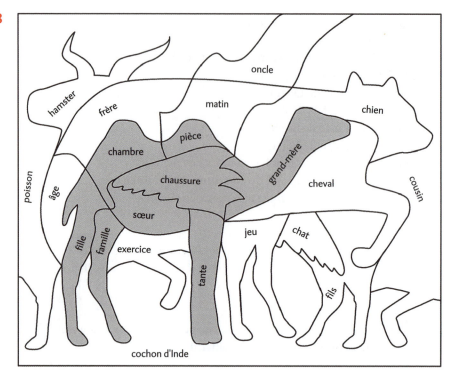

Hinweise:
Die Wörter lauten übersetzt:

l'âge (m.)	→	das Alter
la chambre	→	das Zimmer *(mit Bett)*
le chat[2]	→	die Katze
la chaussure[2]	→	der Schuh
le cheval	→	das Pferd
le chien	→	der Hund
le cousin[1]	→	der Cousin/Vetter
la famille	→	die Familie
la fille[1]	→	das Mädchen
le fils[1]	→	der Sohn
le frère[1]	→	der Bruder
la grand-mère[1]	→	die Großmutter
le hamster	→	der Hamster
le jeu	→	das Spiel
le matin	→	der Morgen/Vormittag
l'oncle (m.)[1]	→	der Onkel

la pièce	→	das Zimmer *(allgemein)*/das Stück
le poisson	→	der Fisch
la sœur[1]	→	das Mädchen

1 Bei **Personen** orientiert sich der Artikel im Französischen an dem **natürlichen Geschlecht**. Das bedeutet, dass weibliche Personen mit dem weiblichen Artikel stehen, männliche Personen mit dem männlichen.
2 **Unterschiede** beim Artikel zwischen dem Deutschen und Französischen sind häufig. Lerne also bei jedem Nomen den Artikel mit.

9
a **le** chien
b **la** tante
c **les** oncles[1]
d **le** cochon d'Inde
e **les** cousins[1]
f **les** parents[1]
g **la** sœur
h **les** filles[1]
i **les** oiseaux[2]

Hinweise:
1 Im Plural erhalten die Nomen im **geschriebenen Französisch** in der Regel ein **auslautendes -s**. Dadurch lassen sie sich von den Singularformen unterscheiden.
Beispiele: *le chien* (Singular) *les chien̲s̲* (Plural)
            l'oncle (Singular) *les oncle̲s̲* (Plural)
Im **gesprochenen Französisch** ist das auslautende -s im Plural nicht zu hören. Die Singular- und Pluralformen werden also in der Regel gleich ausgesprochen.
2 Es gibt ein paar Nomen, die im Plural nicht auf *-s*, sondern auf *-x* enden. Dazu zählen die meisten Nomen auf *-eau*, *-au* und *-eu*.

10
1 un lit
2 une table
3 une chaise
4 une fenêtre
5 un livre
6 un pull
7 une chaussure
8 une lampe
9 un ordinateur
10 un CD
11 un cahier
12 un journal
13 une radio
14 un pantalon
15 une plante
16 un cartable/un sac à dos

11

un	une	des
lit	mère	cousins
chien	famille	photos
livre	sœur	frères
ordinateur	plante	sacs
fils[1]	fille	fils[1]
cahier	tante	CD[2]
CD[2]	table	

Hinweise:
1 Da *fils* bereits im Singular auf -s auslautet, sind die Singular- und die Pluralform identisch. Das Wort wird immer [fis] ausgesprochen.
2 Abkürzungen wie *CD* oder *BD* werden auch im Plural ohne -s geschrieben.

12 Dans **la** chambre de Nicolas, il y a **un** lit, **une** table, et **un** ordinateur. Sur **l'**ordinateur, il a **des** jeux vidéo[1]. Nicolas aime[2] **la** musique. Il écoute **des** CD[3] ou **la** radio.
La sœur de Nicolas préfère[2] **les** livres. Mais elle regarde aussi **les** posters et **les** photos de **la** famille. **Les** enfants sur **la** photo, ce sont **les** cousins de Florence. Et il y a aussi **un** chien. **Le** chien s'appelle Victor.

Hinweise:
1 Beachte die Pluralform.
2 Nach den Verben *aimer* und *préférer* steht immer der bestimmte Artikel.
3 Abkürzungen wie *CD* oder *BD* werden im Plural ohne –s geschrieben.

13

mon/ma/mes	**mon** cahier	**mon** chat	**ma** sœur
	mes devoirs	**mes** cartables	**ma** chaussure
ton/ta/tes	**tes** amis	**ton** ordinateur[1]	**tes** cousins
	ta chambre	**ton** livre	**tes** lettres
son/sa/ses	**sa** photo	**ses** tantes	**son** adresse[1]
	ses frères	**son** père	**son** pantalon

Hinweis:
1 Vor einem Vokal steht immer die männliche Form des Possessivbegleiters.

14

Salut Luc ![1]

Ça va ? Merci pour **ta** lettre.
Aujourd'hui, je te présente **ma** famille. **Mon** père est policier, **ma** mère est infirmière. J'ai un grand frère. **Son** nom est Julien. Mais j'ai aussi une petite sœur. Elle s'appelle Florence. J'adore jouer au ping-pong[2]. Je joue souvent avec **mon** cousin Quentin. **Sa** famille habite à la campagne. **Sa** mère est la sœur de **mon** père. La famille de Quentin a un chien. **Son** nom est Victor. **Mes** grands-parents aiment beaucoup Victor.
Est-ce que tu pourrais me parler de **tes** amis ?

A bientôt,
Nicolas

Hinweise:
1. Im Unterschied zum Deutschen wird bei einem Brief auf Französisch ein Ausrufezeichen nach der Anrede gesetzt. Der erste Satz beginnt daher auch mit einem Großbuchstaben.
2. Bei Spielen und Sportarten verbindet man das Verb *jouer* mit *à* + Artikel. (zur Verschmelzung von *à* + Artikel siehe „Sujet 2").

15

a C'est **ton** cartable ?

b Ce sont **tes** livres ?

c Ce sont **tes** CD ?

d C'est **ton** ordinateur ?

16 Emma cherche

a **son** ballon.

b **son** chat.

c **son** cahier.

d **ses** chaussures.

Quentin cherche

a **son** vélo.

b **sa** guitare.

c **son** livre.

d **ses** clés.

17

Salut !

Je m'appelle… et j'habite à…

Je cherche un correspondant/une correspondante.

J'aime lire/faire du sport/faire de la musique/écouter de la musique/jouer avec mon chien/aller au cinéma/…

Dans ma famille, il y a… personnes.
Mon frère a… ans, ma sœur a… ans.

A bientôt,

Sujet 2 : Ma ville et ma maison

18 a la boulangerie[1]
   ☐ Metzgerei   ☒ Bäckerei   ☐ Drogerie

  b le lait[2]
   ☐ Zitrone   ☐ Tee   ☒ Milch

  c la glace[3]
   ☒ Eis   ☐ Freundschaft   ☐ Stadion

  d la mairie[4]
   ☐ Mädchen   ☒ Rathaus   ☐ Schiff

  e le cinéma[5]
   ☐ Disko   ☐ Bibliothek   ☒ Kino

Hinweise:

1 David sagt, dass er dort *café au lait* trinkt und *croissants* isst.
  Die übrigen Wörter heißen folgendermaßen auf Französisch:
  Metzgerei   – *la boucherie/la charcuterie*
  Drogerie   – *la droguerie*

2 Es muss etwas sein, was man mit Café trinken kann. Achtung: Es heißt „café au lait" und nicht „café ou lait".
  Die übrigen Wörter heißen folgendermaßen auf Französisch:
  Zitrone   – *le citron*
  Tee   – *le thé*

3 Es muss etwas sein, was man kaufen kann *(on peut acheter…)*.
  Die übrigen Wörter heißen folgendermaßen auf Französisch:
  Freundschaft   – *l'amitié (f.)*
  Stadion   – *le stade*

4 Nur ein Gebäude macht Sinn.
  Mädchen   – *la fille*
  Schiff   – *le bateau*

5 Man kann dort Filme ansehen *(on y voit des films spectaculaires)*
  Die übrigen Wörter heißen folgendermaßen auf Französisch:
  Disko   – *la boite/boîte*
  Bibliothek   – *la bibliothèque*

		vrai	faux
19	a Nicolas aime aller à la boulangerie.	✗	☐
	Justification : Avant l'école, il va souvent à la boulangerie.		
	b Les touristes font des photos de la mairie.	☐	✗
	Justification : Ils font des photos de la fontaine.		
	c La MJC est une maison pour les jeunes.	✗	☐
	Justification : La MJC est une maison de la jeunesse et de la culture.		
	d Lucas habite à quelques kilomètres du supermarché.	☐	✗
	Justification : Il habite près du supermarché.		
	e Nicolas et Lucas ne s'aiment pas trop.	☐	✗
	Justification : Lucas est le copain de Nicolas. Ils jouent souvent au foot ensemble.		

20
a Avant l'école, Nicolas va **à la** boulangerie.

b Il n'aime pas aller **à l'**[1] école.

c Nicolas et Lucas jouent **au**[2] foot.[3]

d Les touristes aiment manger **au**[2] restaurant.

e Le week-end, Nicolas va **au**[2] cinéma.

Hinweise:
1 Vor Vokal und stummen *h* werden *le* und *la* zu *l'*.
2 Die Präposition *à* verschmilzt mit *le* zu *au*.
3 Bei Spielen und Sportarten verbindet man das Verb *jouer* mit *à*, bei Instrumenten mit *de*.

21
a Ma sœur joue **de la** guitare.[1]

b Où est l'entrée **du**[2] cinéma ?

c Les jeunes aiment les CD **de la** MJC.

d Beaucoup de gens ont peur **des**[3] chiens.

e Les touristes font une photo **de l'**[4] église.

Hinweise:
1 Bei Spielen und Sportarten verbindet man das Verb *jouer* mit *à*, bei Instrumenten mit *de*.
2 Die Präposition *de* verschmilzt mit *le* zu *du*.
3 Die Präposition *de* verschmilzt mit *les* zu *des*.
4 Vor Vokal und stummen *h* werden *le* und *la* zu *l'*.

22 Nicolas habite **à**[1] Aix. C'est une ville dans le sud **de la** France, au bord **de la** mer[2]. Dans le centre ville, il y a des magasins fantastiques. Les jeunes aiment le cinéma **de la** ville. **A** l'école, Nicolas et ses copains discutent **des** films. Ils aiment les films **du** réalisateur[3] Steven Spielberg.

Hinweise:
1 Bei Orten wird *à* verwendet, bei Ländern in der Regel *en*.
   Beispiele: Il habite à Paris. Il habite en France.
2 Der deutsche Ausdruck „am Meer" wird im Französischen durch „au bord de la mer" wiedergegeben.
3 „Regisseur" heißt auf Französisch *réalisateur*.

23 a in *(Stadt)* **à**
in *(Straße)* **dans**
c vor *(örtlich)* **devant**
hinter *(örtlich)* **derrière**
e in der Nähe von **près de**[1]
weit weg von **loin de**[1]

b auf **sur**
unter **sous**
d neben **à côté de**[1]
gegenüber **en face de**[1]
f vor *(zeitlich)* **avant**
nach *(zeitlich)* **après**

Hinweis:
1 Bei diesen Präpositionen kann es zu Verschmelzugen mit dem folgenden bestimmten Artikel kommen (*Beispiel:* Mon école se trouve près du cinéma).

24 Voici la salle de séjour de la grand-mère de Nicolas. Au milieu de la pièce, il y a une table. **Sur** la table, on peut voir une tasse de café et une cafetière. **Dans** la tasse et **dans** la cafetière, il y a encore du café. Au-dessus de la table, il y a une lampe, et **devant** la table, il y a une chaise. La télé se trouve **en face** de la chaise. **A côté** de la télé, il y a une armoire. Sa porte est ouverte. Et **sur** l'armoire, qu'est-ce que c'est ? C'est le chapeau de grand-mère ? Au mur, il y a une horloge. Il est quelle heure ? **A côté** de l'horloge, c'est l'image préférée du grand-père. Plusieurs livres se trouvent **sur** une étagère au-dessous de l'image. **A côté** des livres, il y a un vase avec une fleur. Il y a encore une autre plante dans la salle. Tu la vois ? Elle se trouve **à côté** du fauteuil.

Hinweis:
1 Die Präposition *de* verschmilzt mit dem bestimmten Artikel *les* zu *des*.

25 a trois et deux font **cinq**
    b douze moins cinq font **sept**
    c quatorze et six font **vingt**
    d seize moins dix font **six**

26
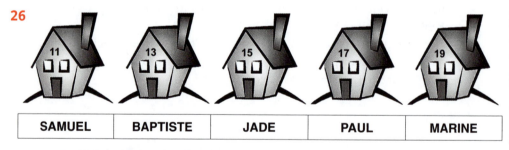

    a Paul habite au numéro **dix-sept**.
    b Baptiste habite dans la deuxième maison de la rue.
       Il habite au numéro **treize**.
    c Jade habite entre Paul et Baptiste.
       Elle habite au numéro **quinze**.
    d Marine habite à côté de chez Paul.
       Elle habite au numéro **dix-neuf**.
    e Samuel est le voisin de Baptiste.
       Il habite au numéro **onze**.

27

quatre	**un**	neuf	six	**sept**	**trois**	deux	**huit**	**cinq**
huit	**cinq**	**six**	quatre	**neuf**	deux	**sept**	**un**	trois
deux	trois	**sept**	**cinq**	un	**huit**	six	**quatre**	**neuf**
trois	**huit**	**deux**	**un**	quatre	**cinq**	**neuf**	**six**	sept
six	**quatre**	cinq	neuf	deux	**sept**	**un**	trois	**huit**
sept	neuf	un	huit	**trois**	six	**cinq**	deux	**quatre**
un	deux	**quatre**	**sept**	**huit**	neuf	**trois**	cinq	**six**
neuf	six	**huit**	trois	**cinq**	**un**	quatre	**sept**	**deux**
cinq	**sept**	trois	deux	**six**	**quatre**	huit	neuf	**un**

28   a   Où **est** son frère ?
     b   Où **sont** mes amis ?
     c   Où **sont** tes CD ?
     d   Où **est** le chat ?

Hinweis:

Die Artikel bzw. die Possessivbegleiter vor dem Nomen zeigen an, ob es sich um eine Frage im Singular *(où est…?)* oder im Plural *(où sont…?)* handelt.

29 **a** **Où est le fauteuil ?**
Le fauteuil est dans la salle de séjour/dans le salon.
b **Où est l'ordinateur ?**
L'ordinateur est dans la chambre à coucher.
c **Où sont les sept chaises ?**
Il y une chaise dans la chambre de Théo,
cinq chaises dans la salle à manger
et une chaise dans la chambre à coucher des parents.
d **Où sont les trois CD ?**
Les trois CD sont dans la salle de séjour/dans le salon.
e **Où est la radio ?**
La radio est dans la cuisine.
f **Où est la télé ?**
La télé est dans la salle de séjour/dans le salon.
g **Où sont les plantes ?**
Il y a une plante dans la salle de séjour/dans le salon
et deux plantes sur la terrasse.
h **Où sont les quatre livres ?**
Il y a trois livres dans la salle de bain
et un livre dans la chambre de Théo.

30 **a** Que fait papa ?
Papa répare la voiture.
b Que font les grands-parents ?
Les grands-parents regardent la télé.
c Que fait la mère ?
La mère prépare un gâteau.
d Que font les enfants ?
Les enfants mangent des croissants.
e Que fait le chien ?
Le chien apporte une baguette.

Hinweis:
Unterscheide, ob nach einer Person *(que fait...?)* oder nach mehreren Personen *(que font...?)* gefragt wird.

31 a Intonationsfrage: Elle téléphone ?
Entscheidungsfrage: Est-ce qu'elle[1] téléphone ?
b Intonationsfrage: Les enfants regardent[2] la télé ?
Entscheidungsfrage: Est-ce que les enfants regardent[2] la télé ?
c Intonationsfrage: Ludovic cherche son sac ?
Entscheidungsfrage: Est-ce que Ludovic cherche son sac ?
d Intonationsfrage: Les garçons jouent[2] aux[3] cartes ?
Entscheidungsfrage: Est-ce que les garçons jouent[2] aux[3] cartes ?

Hinweise:
1 Vor Vokal wird *est-ce que* zu *est-ce qu'*.
1 Achte darauf, die Pluralendung *-ent* an das Verb anzufügen, da das Subjekt ja im Plural steht.
2 Bei Spielen und Sportarten verbindet man das Verb *jouer* mit *à*, bei Instrumenten mit *de*.

32 a Bonjour monsieur. Est-ce que vous pourriez m'aider, s'il vous plait/plaît ?
b Bien sûr.
c Est-ce qu'il y a un supermarché dans le/au centre ville ?
d Oui, il y a un supermarché dans la rue Centrale. Le supermarché/il est près de l'église.
e Merci et au revoir.
f Je vous en prie. Au revoir.

Sujet 3 : L'heure et une journée typique

33

a Nicolas se lève à six heures et quart.
b A sept heures, il prend son petit-déjeuner.
c A sept heures et demie, il va à l'école.

d A midi, il va à la cantine. **e** Il joue au foot à une heure moins le quart. **f** A trois heures, il fait ses devoirs.

g A cinq heures et demie, il joue sur l'ordinateur. **h** Il prend son diner à sept heures et quart. **i** A neuf heures et demie, il va au lit.

			oui	non
34	**a**	Est-ce que Nicolas mange des croissants au petit déjeuner ?	X	
	b	Est-ce qu'il prend le bus pour aller à l'école ?		X
	c	Est-ce qu'il mange à la cantine à midi ?	X	
	d	Est-ce qu'il joue au tennis l'après-midi ?		X
	e	Est-ce qu'il fait ses devoirs l'après-midi ?	X	
	f	Est-ce qu'il regarde la télé le soir ?		X
	g	Est-ce qu'il va au lit avant[1] dix heures ?	X	

Hinweis:

1. Bei der Angabe von Zeiten wird *avant* (vor) und *après* (nach) verwendet, bei Angaben von Orten *devant* (vor) und *derrière* (hinter).

35

36 Il est...
1. huit heures et demie[1,2]
2. midi/minuit moins dix[3]
3. onze heures et quart[1]
4. six heures moins le quart[3,4]
5. sept heures dix
6. neuf heures vingt
7. sept heures moins cinq[3]
8. trois heures et quart[1]
9. une heure et demie[1,2]
10. une heure moins vingt-cinq[3]
11. cinq heures moins le quart[3,4]
12. midi/minuit
13. dix heures cinq
14. deux heures vingt

Hinweise:
1. Viertel- und halbe Stunden werden zur letzten vollen Stunde dazugezählt (*et quart, et demie*).
2. Das Wort *demie* wird hier mit *e* am Schluss geschrieben, da das Wort *heure* weiblich ist.

3 Alles, was nach halb ist, wird von der nächsten vollen Stunde abgezogen.
4 Es heißt *et quart*, aber *moins le quart*.

37

 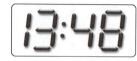 

a Il est **trois heures vingt-quatre**.
b Il est **treize heures quarante-huit**.
c Il est **cinq heures trente-six**.

d Il est **quinze heures vingt-et-une**[2].
e Il est **dix-neuf heures cinquante-deux**.
f Il est **dix-sept heures quarante-et-une**[2].

Hinweis:
1 Diese Uhrzeiten werden für Fahrpläne oder Termine verwendet.
2 Bei Uhrzeiten wird die weibliche Form *une* verwendet.

38
a dix-neuf + dix-sept = trente-six
b cinquante-trois – seize = trente-sept
c vingt-cinq + vingt-six = cinquante et un/cinquante-et-un
d quarante-sept – treize = trente-quatre

Hinweis:
In Worten heißen die mathematischen Zeichen folgendermaßen:
plus (+), *moins* (–), *font/égalent* (=)
Beispiel: *dix-neuf plus dix-sept font trente-six*

39
a	Départ	Val d'Isère	12:30	douze heures trente
b		Col de l'Iseran	13:16	treize heures seize
c		Le Villaron	13:34	treize heures trente-quatre
d		Bramans	14:08	quatorze heures huit
e		Modane	14:26	quatorze heures vingt-six
f		Col du Télégraphe	15:21	quinze heures vingt-et-une
g		Col du Galibier	16:15	seize heures quinze
h	Arrivée	Briançon	17:01	dix-sept heures une

40
j'	arrive	nous	arriv**ons**
tu	arriv**es**	vous	arriv**ez**
il/elle/on	arrive	ils/elles	arriv**ent**

41
a Tu cherch**es** tes copains ? – Non, je cherch**e** mes copines.
b Elle travaill**e** au café ? – Non, elle travaill**e** au restaurant.
c Il port**e** un carton ? – Non, il port**e** une télé.
d Vous aim**ez** les chiens ? – Non, nous ador**ons** les chats.
e Elles arriv**ent** aujourd'hui ? – Non, elles rentr**ent** demain.
f Ils téléphon**ent** à Patrick ? – Non, ils appell**ent** Martin.

42

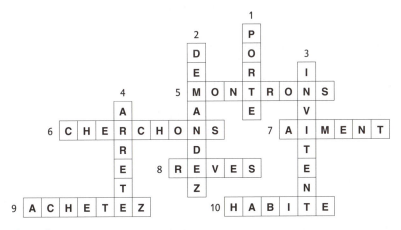

Hinweis:
Die deutsche Übersetzung der französischen Verben lautet:

1	*porter*	tragen	2	*demander*	fragen
3	*inviter*	einladen	4	*arrêtez*	anhalten, aufhören
5	*montrer*	zeigen	6	*chercher*	suchen
7	*aimer*	lieben	8	*rêver*	träumen
9	*acheter*	kaufen	10	*habiter*	wohnen

43
a Le soir, je **vais** au lit.
b Le matin, tu **va**s à l'école.
c Après l'école, les enfants **vont** à la maison.
d Pour jouer au foot, vous **allez** au terrain de foot.
e Le week-end, nous **allons** en boite.
f Pour manger, je **vais** à la cantine.

44 a Je me lève à…
    b Je prends mon petit-déjeuner à…
    c Je vais à l'école à…
    d Je prends mon déjeuner à…/Je déjeune à…
    e Je travaille pour l'école à…
    f Je joue au tennis à…
    g Je regarde la télé à…
    h Je vais au lit à…

Sujet 4 : Au collège

45 a Le correspondant de Julien **habite à Munich**.
    b Le collège **s'appelle Marie Curie**.
    c Les salles de classe **se trouvent à droite**[1].
    d Le gymnase **est à gauche**[1].
    e A midi, les élèves **mangent à la cantine**.
    f Les élèves **jouent dans la cour**.
    g Pour surfer sur Internet[2], **les élèves vont au CDI**.
    h L'infirmière **s'occupe des élèves malades**.

Hinweise:
Achte darauf, dass das Subjekt (Singular/Plural) zur Verbform (Singular/Plural) passt.
1 rechts/links = *à droite/à gauche*
2 Das französische Wort *Internet* wird grundsätzlich ohne Artikel verwendet.

46 Kreuze die richtige Antwort an.
    a Julien a
        ☐ un grand frère[1],
        ☒ un copain en Allemagne,
        ☐ des photos de Munich[2].
    b Le CDI est
        ☐ un gymnase,
        ☐ une salle pour manger,
        ☒ une sorte de *(eine Art)* bibliothèque.

c Les élèves malades
   [X] vont chez l'infirmière du collège.
   [ ] vont chez le docteur[3] Lepic.
   [ ] vont à l'hôpital à côté du collège.

Hinweise:
1 Julien hat keinen großen Bruder, sondern er ist selbst der große Bruder von Nicolas.
2 Der Brieffreund wohnt in München. Die Fotos zeigen das Collège von Julien.
3 Mme Lepic ist nicht Ärztin, sondern Krankenschwester *(infirmière)*.

		vrai	faux
47 a Julien a cours du lundi au vendredi.		X	
b Il a quatre heures d'allemand par semaine[1].			X
c Le mercredi[2] après-midi, il est au collège[3].			X
d Les élèves français rentrent à 14 h.			X
e Julien apprend plusieurs langues étrangères *(Fremdsprachen)*.		X	
f Il fait du sport le mardi[2] après-midi.			X
g Il a des cours de religion[4].			X

Hinweise:
1 Er hat nur 3 Stunden Deutsch.
2 Wochentage stehen mit Artikel, wenn eine Wiederholung gemeint ist (= jeden…) *(s. Sujet 8)*.
3 Am Mittwoch Nachmittag ist in Frankreich meistens kein Unterricht. Da haben die Schüler Zeit für Sport bzw. freiwilligen Religionsunterricht.
4 Religionsunterricht ist keine Pflicht in Frankreich.

48
1 le tableau
2 le lavabo
3 le bureau
4 la craie
5 la poubelle
6 la porte
7 l'emploi du temps (m.)
8 le sac à dos/le cartable
9 la table
10 le stylo
11 la règle
12 le livre
13 le cahier
14 le crayon
15 la gomme
16 la calculatrice
17 la trousse
18 la chaise

49

avoir			
j'	ai	nous	avons
tu	as	vous	avez
il/elle/on	a	ils/elles	ont

être			
je	suis	nous	sommes
tu	es	vous	êtes
il/elle/on	est	ils/elles	sont

faire			
je	fais	nous	faisons
tu	fais	vous	faites
il/elle/on	fait	ils/elles	font

50

Enzo et Arthur : Salut, Julien ! Mais qu'est-ce que tu **as** *(avoir)* ?
Julien : J'**ai** *(avoir)* un problème. Sophie **a** *(avoir)* un copain. Je **suis** *(être)* vraiment déprimé…
Enzo : Oh là là Julien, qu'est-ce qu'on **fait** *(faire)* avec toi ? Nous **faisons** *(faire)* un match de foot !
Julien : Je n'aime pas le foot…
Arthur : Alors, je **fais** *(faire)* un match avec Enzo et après…
Julien : Et après… qu'est-ce que vous **faites** *(faire)* ?
Arthur : Nous **avons** *(avoir)* un rendez-vous !
Enzo : Oui, un rendez-vous avec deux filles super. Elles[1] **ont** *(avoir)* 15 ans et elles[1] **sont** *(être)* très jolies…
Arthur : Une des filles[2] **est** *(être)* dans la classe de mon frère. Elles[1] **font** *(faire)* des photos pour un projet sur le sport.
Enzo : Et nous **sommes** *(être)* les stars !
Elles[1] **font** *(faire)* les photos dans le parc ! On y va !
Julien : Euh, … Enzo, Arthur, vous **avez** *(avoir)* un ballon ?
Arthur : Mais bien sûr !

Hinweise:
1 Achte auf das Plural *-s*.
2 Das Subjekt des Satzes ist nicht *filles*, sondern *une* (eines der Mädchen). Daher muss auch das Verb im Singular stehen.

51 **Dans la salle de classe**
LE PROF : Bonjour tout le monde. D'abord, nous allons corriger **vos**
   devoirs. Sortez *(herausnehmen)* **vos** cahiers, s'il vous plait.
LES ELEVES : **Nos** cahiers sont déjà ouverts.
LE PROF : Alors, Guillaume et Valentin, lisez **votre** texte.
GUILLAUME : Adrien n'est pas là, Monsieur.
LE PROF : Ah bon. Alors Emilie et Sophie, lisez **vos** devoirs s'il vous plait.
EMILIE : Sophie n'est pas là non plus *(auch nicht)*.
PROF : Comment ça ? Où sont-ils ?
UN ELEVE : Ils sont chez **leurs** grands-parents à Paris pour fêter
   l'anniversaire de **leur** grand-mère. Vous avez une lettre
   de **leurs** parents sur la table.
LE PROF : Une lettre ? Elle est où ?
UN ELEVE : Juste devant vous, Monsieur ! A côté de **vos** lunettes…

52

Nom, prénom :	Berger, Markus
Classe :	7e
Ecole :	Realschule Berghausen
Les cours commencent à	7 h 55
Je rentre à la maison à	13 h 30
J'aime	l'anglais.
J'adore	le sport.
Ma matière préférée, c'est	la biologie.
Je n'aime pas	la physique.
Je déteste	les maths.

Hinweis:
Diese Lösung ist nur ein Vorschlag.

Sujet 5 : Manger et boire en France

53

poivre (m.) ☒	fromage râpé (m.) ☒	(sucre f.) ☐
lardons (m.) ☒	pâte brisée (f.) ☒	(farine f.) ☐
(lait m.) ☐	œufs (m.) ☒	(noix f.) ☐
noix de muscade (f.) ☒	sel (m.) ☒	(poireau m.) ☐

54

55 a !!+ **Regardons** la télé.
  Übersetzung: Sehen wir fern!/Lasst uns fernsehen!
  b ! **Fais**[1] tes devoirs.
  Übersetzung: Mach deine Hausaufgaben!
  c !! **Arrêtez** de téléphoner.
  Übersetzung: Hört auf zu telefonieren!
  d ! **Reste** là.
  Übersetzung: Bleibe da!

e !!+ **Jouons** au foot.
Übersetzung: Spielen wir Fußball! Lasst uns Fußball spielen!
f ! **Cherche** tes cahiers.
Übersetzung: Suche deine Hefte!
g !! **Faites**[1] les exercices à la page 18.
Übersetzung: Macht die Übungen auf Seite 18!
h !!+ **Allons** à la maison.
Übersetzung: Gehen wir nach Hause! Lasst uns nach Hause gehen!

Hinweis:
1 Das Verb *faire* gehört zu den unregelmäßig gebildeten Verben *(s. Sujet 4)*.

56

Emma, **va à la boulangerie et achète une baguette.**
(aller à la boulangerie – acheter une baguette)

Julien et Nicolas, **prenez un saladier et mélangez la sauce.**
(prendre un saladier – mélanger la sauce)

Et vous, Monsieur, **ouvrez une bouteille d'eau.**
(ouvrir une bouteille d'eau)

Julien, **apporte les plats.**
(apporter les plats)

Faisons un bon repas en famille.
(faire un bon repas en famille)

57 a **Fais** des randonnées./**Faites** des randonnées.
b **Visite** de vieux châteaux./**Visitez** de vieux châteaux.
c **Nage** dans la mer./**Nagez** dans la mer.
d **Joue** au golf, au tennis,…/**Jouez** au golf, au tennis,…
e **Mange** des plats excellents./**Mangez** des plats excellents.
f **Habite** dans des chalets romantiques./**Habitez** dans des chalets romantiques.
g **Va**[1] dans des endroits merveilleux./**Allez** dans des endroits merveilleux.
h **Fais**[2] la connaissance d'un peuple très chaleureux./**Faites**[2] la connaissance d'un peuple très chaleureux.

Hinweise:
1 Das Verb *aller* gehört zu den unregelmäßig gebildeten Verben *(s. Sujet 3)*.
2 Das Verb *faire* gehört zu den unregelmäßig gebildeten Verben *(s. Sujet 4)*.

58 Sur la photo, il y a
- a **deux bouteilles d'**eau[1] (minérale),
- b **quatre boites/boîtes de**[2] coca,
- c **une brique**[3] **de** lait,
- d **un paquet**[3] **de** riz,
- e **un filet d'**oignons[1],
- f **un kilo de/plusieurs**[4]**/quelques**[4]**/six**[4] bananes,
- g **trois tablettes de** chocolat.

Hinweise:
1 Vor Vokal und ‚stummen h' wird *de* zu *d'* verkürzt.
2 Auch wenn hier z. B. *boites/boîtes* im Plural steht, bleibt *de* unverändert.
3 *La brique* wird bei Getränken verwendet, *le paquet* z. B. bei Nudeln.
4 Nach *plusieurs* (mehrere), *quelques* (einige) und Zahlen (z. B. *trois*) steht kein *de*.

59

La liste des courses

125 g de beurre
1 paquet de sucre vanillé
125 g de sucre
3 œufs
2 cuillères à soupe (c. s.) de lait
200 g de farine
200 g de cuillères à café (c. c.) de levure chimique
750 g de pommes coupées

Hinweis:
1 *Cuillère à soupe* wird in französischen Rezepten häufig mit *c.s.* abgekürzt, *cuillère à café* mit *c.c.*

60 a Luc **achète un kilo de** tomates.
b Marie **prend deux kilos d'**oignons.
c Michel et Marc **achètent 100 grammes de** fromage.
d Monsieur, vous **prenez un peu de** jus d'orange ?
e Mon frère et moi, nous **mangeons beaucoup de** pizza !
f **Combien de** pommes est-ce que tu **prends** ?

61 a Prépare la pâte./Est-ce que tu pourrais préparer la pâte (s'il te plait/plaît) ?
Ajoute un peu de sel./Est-ce que tu pourrais ajouter un peu de sel (s'il te plait/plaît) ?
Cherche les tomates./Est-ce que tu pourrais chercher les tomates (s'il te plait/plaît) ?
b Est-ce que vous pourriez mettre le couvert (s'il vous plait/plaît) ?
Est-ce que vous pourriez m'aider (s'il vous plait/plaît) ?

Sujet 6 : Faire les courses

62 a Abschnitt 1:
☐ La recette de grand-mère[1]
☒ Les ingrédients d'une ratatouille
☐ La préparation d'une ratatouille
b Abschnitt 2:
☐ Au supermarché
☒ Au marché
☐ Au stand de M. Bertrand[2]

Hinweise:
1 Das Ratatouille-Rezept ist zwar von der Großmutter, dies steht aber nicht im Vordergrund. Die beiden diskutieren über die Zutaten.
2 Am Stand steht Mme Bertrand, nicht M. Bertrand.

63 a Pour faire une ratatouille il faut
☐ une tomate et une aubergine[1],
☐ deux courgettes et deux aubergines[2],
☒ deux aubergines et des tomates.

b Au marché, Sophie et sa mère achètent

☐ des poivrons,
☐ des oignons,
☒ des courgettes[3].

c Les tomates de Mme Deval coutent

☐ 80 centimes par pièce[4],
☐ 2 Euro[5],
☒ 50 centimes[6].

d La vendeuse offre à Sophie

☐ une pomme et 50 centimes[7],
☒ une pomme et une orange,
☐ 50 centimes, une pomme et une orange[7].

Hinweise:

1 Im Text steht *2 aubergines* und *250 grammes de tomates* (auch das sind mehr als eine Tomate).
2 Im Text ist von *3 courgettes* die Rede.
3 Die anderen beiden Zutaten haben sie schon zu Hause.
4 Das ist der Stückpreis für die Auberginen und die Zucchini.
5 Das ist der Kilopreis.
6 Ausrechnen: Wenn 1 kg 2 Euro kostet, dann kosten 250 g 50 Cent.
7 Die 50 Cent sind Wechselgeld und kein Geschenk.

64

	B	A	N	A	N	E		T			
		I		U				P	O	I	R	E
		L		B				M			
				E		C		A			
	P			R		I		T			O
C	O	U	R	G	E	T	T	E			R
	I			I		R					A
	V			N		O	I	G	N	O	N
	R			E		N					G
	O							P	O	M	M	E
A	N	A	N	A	S						

65 LUCILE ET YANIS : Maman, on **peut** manger une pizza ?
MME DEVAL : Vous **voulez** manger une pizza ? Vous **pouvez** aussi manger de la salade.
LUCILE : Mais, on n'aime pas la salade. Nous **voulons** une pizza !
MME DEVAL : Sophie, tu **veux** toujours manger des pizzas, des hamburger, des frites… Ce n'est pas bien pour toi !
YANIS : Mais maman, je **peux** faire une pizza avec beaucoup de légumes. Sophie, toi et moi, nous **pouvons** faire la pizza ensemble.
MME DEVAL : D'accord, si vous **voulez**… Mais demain, je **veux** manger de la salade !
LUCILE ET YANIS : Merci maman !

66

60 soixante	70 soixante-dix	80 quatre-vingts[1]	90 quatre-vingt-dix
61 soixante-et-un/une	71 soixante-et-onze[2]	81 quatre-vingt-un/une	91 quatre-vingt-onze[2]
62 soixante-deux	72 soixante-douze	82 quatre-vingt-deux	92 quatre-vingt-douze
63 soixante-trois	73 soixante-treize	83 quatre-vingt-trois	93 quatre-vingt-treize
64 soixante-quatre	74 soixante-quatorze	84 quatre-vingt-quatre	94 quatre-vingt-quatorze
65 soixante-cinq	75 soixante-quinze	85 quatre-vingt-cinq	95 quatre-vingt-quinze
66 soixante-six	76 soixante-seize	86 quatre-vingt-six	96 quatre-vingt-seize
67 soixante-sept	77 soixante-dix-sept	87 quatre-vingt-sept	97 quatre-vingt-dix-sept
68 soixante-huit	78 soixante-dix-huit	88 quatre-vingt-huit	98 quatre-vingt-dix-huit
69 soixante-neuf	79 soixante-dix-neuf	89 quatre-vingt-neuf	99 quatre-vingt-dix-neuf

Hinweise:
1 Nur bei der Zahl 80 endet *quatre-vingts* auf *-s*. Folgt eine weitere Zahl (z. B. *quatre-vingt-quatre*), dann fällt das auslautende *-s* weg.
2 Es heißt *soixante-et-onze*, aber *quatre-vingt-onze*.

67 Lisa hat gewonnen.

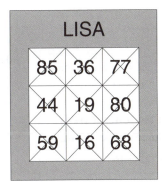

68

VERKÄUFERIN: Sie begrüßt dich und fragt dich, was du gerne hätttest.
Bonjour, vous désirez?

DU: Du begrüßt sie auch und sagst, dass du einen Obstsalat machen möchtest.
Bonjour madame. Je veux/ voudrais faire une salade de fruits.

VERKÄUFERIN: Sie sagt, dass man für einen Obstsalat Äpfel, Bananen und Kiwis nimmt.
Pour une salade de fruits, on prend des pommes, des bananes et des kiwis.

Lösungen

VERKÄUFERIN : Sie fügt hinzu, dass die Kiwi heute nur 30 Cent das Stück kosten.
Un kiwi, c'est seulement trente centimes la pièce aujourd'hui.
Sie fragt, ob das alles ist.
C'est tout ?

VERKÄUFERIN : Sie sagt, dass die Kiwis 90 Cent, die Bananen 1 € und die Äpfel 1,40 € kosten.
Les kiwis coutent/coûtent quatre-vingt-dix centimes, les bananes un euro et les pommes un euro quarante.

VERKÄUFERIN : Sie gibt dir das Wechselgeld.
Et voilà un euro cinquante.

VERKÄUFERIN : Sie bedankt sich und verabschiedet sich auch. Außerdem hofft sie, dass du bald wiederkommst.
Merci. Au revoir et à bientôt.

DU : Du sagst, dass du dann 3 Kiwis, 2 Bananen und 1 Kilo Äpfel nimmst.
Alors, je prends trois kiwis, deux bananes et un kilo de pommes.

DU : Du bejahst und willst außerdem wissen, wie viel das alles kostet.
Oui, c'est tout. Ça fait combien ?

DU : Du gibst ihr 5 €.
Voilà cinq euros.

DU : Du verabschiedest dich.
Au revoir madame.

Sujet 7 : Un week-end à la campagne

69 Wie reagieren Florence und Julien auf den Vorschlag ihrer Eltern? Verbinde ihre Namen mit dem entsprechenden Smiley.

		vrai	faux
70 a	La famille Deval aime habiter dans une grande ville.	X	
	Justification : Les Deval aiment habiter à Paris.		
b	Les Deval vont passer leurs vacances dans une ferme.		X
	Justification : Les Deval vont passer **leur week-end** dans une ferme.		
c	Ce week-end, ils veulent faire du bateau.		X
	Justification : Ce week-end, ils veulent **faire du vélo**.		
d	Daniel aime les petits chats et le chien.		X
	Justification : **Florence** aime les petits chats et le chien.		
e	M. et Mme Ferrier ont une ferme avec des animaux.	X	
	Justification : Les enfants peuvent jouer dehors et s'amuser avec les animaux.		
f	Julien veut rester à Paris.	X	
	Justification : Il veut rester à Paris pour sortir avec ses copains.		
g	Les grands-parents vont trouver des vélos et préparer un pique-nique.		X
	Justification : **Les Ferrier** vont trouver les vélos et **grand-mère et Florence** vont préparer un pique-nique.		
h	A la ferme, les enfants peuvent nager.		X
	Justification : **Dans le lac**, les enfants peuvent nager.		

71 a Les grands-parents de Pierre
- [X] vont faire un pique-nique,
- [ ] vont aller manger dans un restaurant,
- [ ] vont inviter leurs voisins à diner.

b Je
- [ ] vais faire du vélo.
- [X] vais réparer mon vélo.
- [ ] vais avoir un accident.

c Le chien
- [ ] va boire.
- [X] va manger.
- [ ] va dormir.

d Les enfants
- [ ] vont prendre un bain de soleil.
- [X] vont aller nager.
- [ ] vont faire du jogging.

e Tu
- [ ] vas avoir une bonne note.
- [X] vas avoir tes devoirs demain.
- [ ] vas dessiner une image.

72 a Lundi[1], Sophie va jouer au ping-pong avec Léa.
b Mardi[1], Marcel va regarder le film « Oscar et la dame rose ».
c Mercredi[1], papa va aller chez le médecin.
d Jeudi[1], Sophie va avoir un test en anglais.
e Vendredi[1], Sophie et Marcel vont inviter des copains.

f Samedi[1], toute la famille va aller au stade.
g Dimanche[1], Marcel va faire un tour à vélo avec les voisins.

Hinweis:
1 Bei Wochentagen wird, wenn keine Wiederholung ausgedrückt wird (= jeden …), kein Artikel gesetzt (s. *Sujet 8*).

73

C'est un cochon ?
Non, ce n'est pas un cochon, c'est un chat.

C'est une vache ?
Non, ce n'est pas une vache, c'est un chien.

C'est un coq ?
Non, ce n'est pas un coq, c'est un cochon.

C'est un mouton ?
Non, ce n'est pas un mouton, c'est un lapin.

C'est un poisson ?
Non, ce n'est pas un poisson, c'est une vache.

C'est un cheval ?
Non, ce n'est pas un cheval, c'est un coq.

C'est un chien ?
Non, ce n'est pas un chien, c'est un mouton.

C'est un lapin ?
Non, ce n'est pas un lapin, c'est un cheval.

C'est un chat ?
Non, ce n'est pas un chat, c'est un poisson.

74 a Les Deval habitent à Chartres.
Non, ils n'habitent[1] pas à Chartres. Ils habitent à Paris.
  b La ferme des Ferrier est loin de Chartres.
Non, la ferme des Ferrier n'est pas loin de Chartres. Elle[2] est près de Chartres.
  c Florence déteste les chats et le chien des Ferrier.
Non, elle ne déteste pas les chats et le chien des Ferrier. Elle adore les chats et le chien des Ferrier./Elle adore leurs chats et leur chien.
  d La famille va aller se baigner dans un lac.
Non, la famille ne va pas aller se baigner dans un lac. Elle[2] va faire un tour en vélo.
  e Julien veut accompagner ses parents.
Non, Julien ne veut pas accompagner ses parents. Il veut rester à Paris.

Hinweise:
1 Vor Vokal und stummen *h* wird *ne* zu *n'*.
2 Weibliche Nomen werden durch das Pronomen elle ersetzt (vgl. *Sujet 1*)

75

entendre	répondre	vendre
j'entends	je réponds	je vends
tu entends	tu réponds	tu vends
il/elle/on entend	il/elle répond	il/elle vend
nous entendons	nous répondons	nous vendons
vous entendez	vous répondez	vous vendez
ils/elles entendent	ils/elles répondent	ils/elles vendent

76 a vous entendez
  b il/elle/on vend
  c ils/elles entendent
  d je/tu réponds
  e je/tu vends
  f vous répondez
  g nous vendons
  h il/elle/on entend
  i ils/elles répondent
  j il/elle/on répond

77 a Nous passons le week-end à la ferme. Nous **le** passons à la ferme
b Je fais une photo des petits chats. Je **la** fais.
c Papa, tu as les sandwichs ? – Oui, je **les** ai.
d Sophie aime les chats et les chiens. Sophie **les** aime.
e Sophie et Nicolas, vous avez le sirop de menthe et la salade ? Oui, nous **les** avons.
f Je cherche mon vélo. Je **le** cherche.

78 ANTOINE: Hugo et sa classe vont prendre l'avion pour aller à Paris ?
HUGO: Oui, ils **vont le**[1] **prendre**.
ANTOINE: Vous allez visiter la Tour Eiffel ?
HUGO: Oui, nous **allons la visiter**.
ANTOINE: Vous allez voir le film « Entre les murs » au cinéma ?
HUGO: Oui, nous **allons le voir**.
ANTOINE: Tu vas montrer notre boite préférée à Florian ?
HUGO: Oui, je **vais la**[2] **montrer** à Florian.
ANTOINE: Tes parents vont préparer la spécialité de la région pour Florian ?
HUGO: Oui, ils **vont la préparer** pour Florian.
ANTOINE: Ta mère va présenter Florian à vos voisins ?
HUGO: Oui, elle **va le présenter** à nos voisins.
ANTOINE: Tu vas emmener Florian à l'école ?
HUGO: Oui, je **vais l'emmener** à l'école.
ANTOINE: Florian va assister à notre cours d'allemand ?
HUGO: J'espère que non ! Je suis nul en allemand.

Hinweise:
1 Das Nomen *avion* ist männlich, daher lautet das Objektpronomen *le*.
2 Das Nomen *boite/boîte* ist weiblich, daher lautet das Objektpronomen *la*.

79 • Qu'est-ce que tu vas faire pendant les vacances ?
• Je ne sais pas (parce que) je vais rester à la maison.
• On peut/pourrait aller au cinéma.
• C'est nul. Je préfère être/faire quelque chose dehors. On peut/pourrait aller nager.
• D'accord. On peut/pourrait aller au lac à vélo. (On peut/pourrait prendre les vélos pour aller au lac.)
• C'est super/génial. Ma mère pourrait préparer des sandwichs pour nous.
• Alors, à demain (après-midi) à deux heures.

Sujet 8 : Les fêtes

80 fête nationale, invitation

81

		vrai	faux	p.d.t.
a	Nicolas et Quentin vont fêter le 14 juillet ensemble.		X	
b	Quentin et sa famille vont regarder la parade sur les Champs-Elysées.		X	
c	L'anniversaire de Quentin est le 5 aout.			X
d	Quentin va fêter son anniversaire à Paris.		X	
e	Pour la fête, il veut bien avoir un DJ.	X		
f	Au jardin, il y a beaucoup à manger et à boire.			X

82
a Le 14 juillet, il y a **une parade** aux Champs-Elysées.
b C'est bien **d'habiter** à Paris parce qu'on peut faire beaucoup de choses intéressantes.
c Je vais faire un pique-nique. J'espère qu'il ne va pas **pleuvoir**.
d Tu vas **inviter** tes copains pour ton anniversaire ?
e Avoir une maison avec **un jardin** est bien pour faire un barbecue.
f En aout, tout le monde est **en vacances**, par exemple au bord de la mer.
g Pour jouer des mP3, il faut par exemple **un ordinateur**.

83

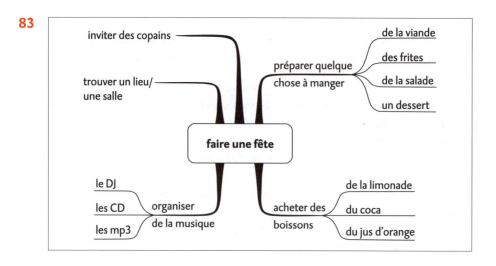

84 L'anniversaire de…
   maman	est **le six janvier**.
   Emma	est **le douze mars**.
   Florence	est **le vingt-quatre mars**.
   grand-mère	est **le vingt-neuf avril**.
   Pascal	est **le treize juin**.
   Julien	est **le dix-sept juillet**.
   Quentin	est **le cinq aout/août**.
   papa	est **le huit septembre**.
   grand-père	est **le vingt-neuf novembre**.
   Jean-Paul	est **le premier**[1] **décembre**.

   Hinweis:
   1 Der erste eines Monats ist der einzige Tag im Monat, bei dem bei der Datumsangabe im Französischen die Ordnungszahl verwendet wird.

85 **Le lundi**[1], il joue au foot au club.
   Le mardi[1], il regarde les Simpson à la télé.
   Mercredi[2], il trouve un gril pour le barbecue.
   Le jeudi[1], il va au cours de guitare.
   Vendredi[2], il fait les courses pour la fête.
   Samedi[2], il fait la fête.
   Dimanche[2], il range le jardin.

   Hinweise:
   1 Diese Veranstaltungen finden jede Woche statt, daher steht der Wochentag mit Artikel.
   2 Diese Ereignisse sind einmalig, daher steht der Wochentag ohne Artikel.

86 Cher…/Chère…
   Je t'invite à fêter mon anniversaire le 16 septembre.
   La fête commence à 19 heures et finit à 22 heures.
   On va faire un barbecue dans notre jardin.
   Apporte une salade ou un dessert et des CD, s'il te plait.
   Dis-moi avant le samedi, le 10 septembre, si tu viens ou pas.
   Cordialement,

Bildnachweis

S. 1: **Fotos** © scorp images – Fotolia; S. 2: **Junge** © Gary Blakeley/Dreamstime.com; **Familie** © Marzanna Syncerz/Dreamstime.com; **Mädchen mit Katze** © Makkis/Dreamstime.com; **Ehepaar** © Andres Rodriguez/Dreamstime.com; S. 3: **fressende Katze** © Joyce Michaud/Dreamstime.com; **Kaninchen** © Fotoarek/Dreamstime.com; **Meerschweinchen** © Hendrik Heizmann; **Hund** © Yarek Gora – Fotolia; **Fisch** © Gelpi/Dreamstime.com; **Papagei** © Rudolf Kotulán – Fotolia; S. 10: **Schultasche** © Tobias Öhring/www.sxc.hu; **Bücher** © Ozgur Artuk/Dreamstim.com; S. 11: **CDs** © Jostein Hauge/Dreamstime.com; **Computer** © Goce Risteski/Dreamstime.com; **Basketball** © Ewa Walicka/Dreamstime.com; **Katze** © Monika Wisniewska/Dreamstime.com; **Schuhe** © eyewave – Fotolia; **Heft** © János Gehring/Dreamstime.com; **Buch** © Feng Yu/Dreamstime.com; **Schlüssel** © Stark Verlag; **Gitarre** © Lebendiskiy/Dreamstime.com; **Fahrrad** © Stark Verlag; S. 18: **Zimmer** © Copestello/Dreamstime.com; S. 19: **Haus** © Carole Nickerson/Dreamstime.com; S. 29: **Uhr** © roadrunner – Fotolia; S. 30: **Uhr** © roadrunner – Fotolia; S. 32: **Digitalzahlen** © Stefan Balk – Fotolia; S. 43: **Junge** © Amir Kaljikovic – Fotolia; S. 44: **Brille** © Igor Terekhov/Dreamstime.com; S. 46: **Quiche Lorraine:** © Tilo/Dreamstime.com; S. 47: **Pfeffer** © Maceofoto/Dreamstime.com; **Käse** © Tomboy2290/Dreamstime.com; **Zucker** © Pedro Monteiro/Dreamstime.com; **Speck** © Fotografieberlin/Dreamstime.com; **Mürbeteig** telemarket.fr; **Mehl** © Jonson/Dreamstime.com; **Milch** © Raja Rc/Dreamstime.com; **Eier** © Dmirlin/Dreamstime.com; **Walnüsse** © Kati Molin/Dreamstime.com; **Muskatnuss** © Jack Kunnen/Dreamstime.com; **Salz** © Viktorfischer/Dreamstime.com; **Lauch** © Lepas/Dreamstime.com; S. 50: **Figuren** © kabliczech – Fotolia; S. 51: **Korsika, Calanques de Piana** http://commons.wikimedia.org/wiki/File:004_Calanques_de_Piana_JPG.jpg, Permission is granted to copy, distribute and/or modify this document under the terms of the GNU Free Documentation License, Version 1.2 or any later version; Korsika, **Ajaccio** http://commons.wikimedia.org/wiki/File:Ajaccio_TG2_JPG.jpg Permission is granted to copy, distribute and/or modify this document under the terms of the GNU Free Documentation License, Version 1.2 or any later version; **Korsika, Montegrosso** http://commons.wikimedia.org/wiki/File:Montegrosso_%28Montemaggiore%29_Vil3_JPG.jpg Permission is granted to copy, distribute and/or modify this document under the terms of the GNU Free Documentation License, Version 1.2 or any later version; S. 52: **Lebensmittel** © Stark Verlag; S. 53: **Notizzettel** © Rcmathiraj/Dreamstime.com; S. 54: **Nudelholz** © Elkeflorid/Dreamstime.com; S. 55: **Obst und Gemüse** © Denis Pepin – Fotolia; S. 60: **Lose** © Heinz Tschanzhofmann/Dreamstime.com; S. 63: **Bauernhaus** © Pascale Planchon – Fotolia; S. 64: **Smilies** © Seth – Fotolia; S. 65: **Picknick** © Simone van den Berg – Fotolia; **Fahrrad** © J and S Photography – Fotolia; **Hund** © Pavel Timofeev – Fotolia; **Kinder** © Elenathewise – Fotolia; **Mathe** © Rulan – Fotolia; S. 67 f.: **Tiere** © Carbouval/Dreamstime.com; S. 73: **Briefpapier** © sonne fleckl – Fotolia; S. 74: **Weihnachten** © Daiga – Fotolia; **Paris** © chandelle – Fotolia; **Hochzeit** © Maxim Pimenov – Fotolia; **Baby** © NL shop – Fotolia; **Neues Jahr** © NL shop – Fotolia; **Einladung** © Tommroch – Fotolia; S. 80: **Briefpapier** © michanolimit – Fotolia

Sicher durch alle Klassen!

Faktenwissen und praxisgerechte Übungen mit vollständigen Lösungen.

Mathematik Realschule

Mathematik Grundwissen 5. Klasse	Best.-Nr. 51405
Mathematik Grundwissen 5. Klasse Bayern	Best.-Nr. 91410
Mathematik Grundwissen 5. Klasse Baden-W.	Best.-Nr. 81405
Mathematik Grundwissen 6. Klasse	Best.-Nr. 51406
Mathematik Grundwissen 6. Klasse Bayern	Best.-Nr. 914056
Mathematik Grundwissen 6. Klasse Baden-W.	Best.-Nr. 81406
Mathematik Grundwissen 7. Klasse	Best.-Nr. 51407
Mathematik Grundwissen 7. Klasse Bayern	Best.-Nr. 914057
Mathematik Grundwissen 7. Klasse Baden-W.	Best.-Nr. 81407
Mathematik Grundwissen 8. Klasse Gruppe I und II/III Bayern	Best.-Nr. 91406
Mathematik Grundwissen 8. Klasse Gruppe II/III Bayern	Best.-Nr. 91419
Funktionen 8.–10. Klasse	Best.-Nr. 91408
Übungsaufgaben Mathematik I 9. Klasse – Bayern	Best.-Nr. 91405
Übungsaufgaben Mathematik II/III 9. Klasse – Bayern	Best.-Nr. 91415
Mathematik Grundwissen 10. Kl. II/III Bayern	Best.-Nr. 91417
Mathematik Übertritt auf das Berufliche Gymnasium · Berufskolleg Baden-Württemberg	Best.-Nr. 81410
Kompakt-Wissen Realschule Mathematik	Best.-Nr. 914001

Physik Realschule

Physik 10. Klasse	Best.-Nr. 91431
Übertritt in die Oberstufe	Best.-Nr. 80301

Deutsch Realschule

Deutsch Grundwissen 5. Klasse	Best.-Nr. 91445
Deutsch Grundwissen 6. Klasse	Best.-Nr. 91446
Deutsch Grundwissen 7. Klasse	Best.-Nr. 91447
Deutsch Grundwissen 8. Klasse	Best.-Nr. 91448
Diktat 5.–10. Klasse mit MP3-CD	Best.-Nr. 914412
Deutsche Rechtschreibung 5.–10. Klasse	Best.-Nr. 91411
Zeichensetzung 5.–7. Klasse	Best.-Nr. 91443
Rechtschreibung und Diktat 5./6. Kl. mit CD	Best.-Nr. 90408
Aufsatz 7./8. Klasse	Best.-Nr. 91442
Erörterung und Textgebundener Aufsatz 9./10. Klasse	Best.-Nr. 91441
Deutsch 9./10. Klasse Journalistische Texte lesen, auswerten, schreiben	Best.-Nr. 81442
Übertritt in die Oberstufe	Best.-Nr. 90409
Kompakt-Wissen Deutsch Aufsatz	Best.-Nr. 514401
Kompakt-Wissen Deutsch Aufsatz Bayern	Best.-Nr. 914401
Kompakt-Wissen Rechtschreibung	Best.-Nr. 944065
Epochen der deutschen Literatur im Überblick	Best.-Nr. 104401

Englisch Realschule

Englisch Grundwissen 5. Klasse	Best.-Nr. 91458
Englisch Grundwissen 6. Klasse	Best.-Nr. 91459
Englisch Grundwissen 7. Klasse	Best.-Nr. 914510
Englisch Grundwissen 8. Klasse	Best.-Nr. 914511
Englisch Grundwissen 9. Klasse	Best.-Nr. 914512
Englisch Grundwissen 10. Klasse	Best.-Nr. 90510
Englisch Grundwissen 10. Klasse Baden-Württemb.	Best.-Nr. 81451
Training Englisch Wortschatz – Mittelstufe	Best.-Nr. 91455
Hörverstehen Englisch 10. Klasse	Best.-Nr. 91457
Englisch Übertritt in die Oberstufe	Best.-Nr. 82453
Kompakt-Wissen Englisch Themenwortschatz	Best.-Nr. 914501
Kompakt-Wissen Englisch Grundwortschatz	Best.-Nr. 914502
Sprachenzertifikat Englisch Niveau A 2 mit CD	Best.-Nr. 105552
Sprachenzertifikat Englisch Niveau B 1 mit CD	Best.-Nr. 105550

Geschichte/Sozialkunde

Kompakt-Wissen Realschule Geschichte	Best.-Nr. 914801
Kompakt-Wissen Realschule Sozialkunde	Best.-Nr. 914082

Französisch Realschule

Französisch im 1. Lernjahr	Best.-Nr. 91462
Französisch im 2. Lernjahr	Best.-Nr. 91463
Sprechfertigkeit 10. Klasse mit Audio-CD	Best.-Nr. 91461
Rechtschreibung und Diktat 1./2. Lernjahr mit 2 Audio-CDs	Best.-Nr. 905501
Wortschatzübung Mittelstufe	Best.-Nr. 94510
Sprachenzertifikat DELF B1 mit MP3-CD	Best.-Nr. 105530
Kompakt-Wissen Französisch Grundwortschatz	Best.-Nr. 915001

Betriebswirtschaftslehre/Rechnungswesen

Betriebswirtschaftslehre/Rechnungswesen Grundwissen 8. Klasse Realschule Bayern	Best.-Nr. 91473
Lösungsheft zu Best.-Nr. 91473	Best.-Nr. 91473L
Betriebswirtschaftslehre/Rechnungswesen Grundwissen 9. Klasse Realschule Bayern	Best.-Nr. 91471
Lösungsheft zu Best.-Nr. 91471	Best.-Nr. 91471L
Betriebswirtschaftslehre/Rechnungswesen Grundwissen 10. Klasse Realschule Bayern	Best.-Nr. 91472
Lösungsheft zu Best.-Nr. 91472	Best.-Nr. 91472L

VERA 8 Realschule

VERA 8 – Mathematik Version B: Realschule	Best.-Nr. 915082
VERA 8 – Deutsch mit MP3-CD Version B: Realschule	Best.-Nr. 915482
VERA 8 – Englisch mit MP3-CD Version B: Realschule	Best.-Nr. 915582

Klassenarbeiten/Schulaufgaben Realschule

Klassenarbeiten Mathematik 5. Klasse	Best.-Nr. 510005
Schulaufgaben Mathematik 5. Klasse Bayern	Best.-Nr. 910001
Klassenarbeiten Mathematik 6. Klasse	Best.-Nr. 510006
Schulaufgaben Mathematik 6. Klasse Bayern	Best.-Nr. 910002
Schulaufgaben Mathematik 7. Klasse Gruppe I Bayern	Best.-Nr. 910003
Schulaufgaben Mathematik 7. Klasse Gruppe II/III Bayern	Best.-Nr. 910004
Schulaufgaben Mathematik 8. Klasse Gruppe I Bayern	Best.-Nr. 910005
Schulaufgaben Mathematik 8. Klasse Gruppe II/III Bayern	Best.-Nr. 910006
Klassenarbeiten Mathematik 9. Klasse	Best.-Nr. 510009
Schulaufgaben Mathematik 9. Klasse Gruppe I Bayern	Best.-Nr. 910007
Schulaufgaben Mathematik 9. Klasse Gruppe II/III Bayern	Best.-Nr. 910008
Klassenarbeiten Mathematik 10. Klasse	Best.-Nr. 510010
Klassenarbeiten Deutsch 5. Klasse	Best.-Nr. 1014051
Klassenarbeiten Deutsch 7. Klasse	Best.-Nr. 1014072
Klassenarbeiten Englisch 6. Klasse	Best.-Nr. 1015561
Klassenarbeiten Englisch 9. Klasse	Best.-Nr. 1015591
Klassenarbeiten Französisch 9. Kl. mit MP3-CD	Best.-Nr. 1015301
Schulaufgaben Betriebswirtschaftslehre/Rechnungswesen 8. Klasse Gruppe II Bayern	Best.-Nr. 917081

(Bitte blättern Sie um)

Abschluss-Prüfungsaufgaben

Mit vielen Jahrgängen der zentral gestellten Original-Prüfungsaufgaben für den Realschulabschluss, einschließlich des aktuellen Jahrgangs. Mit vollständigen, schülergerechten Lösungen.

Realschulabschluss Baden-Württemberg

Abschlussprüfung Mathematik mit CD-ROM .... Best.-Nr. 81500
Abschlussprüfung Deutsch .... Best.-Nr. 81540
Abschlussprüfung Englisch .... Best.-Nr. 81550
Training Abschlussprüfung
Fächerübergreifende Kompetenzprüfung .... Best.-Nr. 815410

Realschulabschluss Bayern

Abschlussprüfung Mathematik I mit CD-ROM ...... Best.-Nr. 91500
Abschlussprüfung Mathematik II/III mit CD-ROM ... Best.-Nr. 91511
Abschlussprüfung Physik .... Best.-Nr. 91530
Abschlussprüfung Deutsch .... Best.-Nr. 91544
Abschlussprüfung Englisch .... Best.-Nr. 91550
Abschlussprüfung Englisch mit MP3-CD .... Best.-Nr. 91552
Abschlussprüfung Französisch mit MP3-CD .... Best.-Nr. 91553
Abschlussprüfung Haushalt und Ernährung .... Best.-Nr. 91595
Abschlussprüfung Kunst .... Best.-Nr. 91596
Abschlussprüfung Werken .... Best.-Nr. 91594
Abschlussprüfung BwR .... Best.-Nr. 91570
Abschlussprüfung Sozialwesen .... Best.-Nr. 91580

Realschulabschluss Hessen

Abschlussprüfung Mathematik .... Best.-Nr. 61500
Lösungsheft zu Best.-Nr. 61500 .... Best.-Nr. 61504
Gesamtpaket:
61500 + 61504 + Online-Lernprogramm MyLab .... Best.-Nr. 61500ML
Abschlussprüfung Englisch .... Best.-Nr. 61550
Abschlussprüfung Englisch mit MP3-CD .... Best.-Nr. 61555
Lösungsheft zu Best.-Nr. 61550/61555 .... Best.-Nr. 61554
Gesamtpaket:
61555 + 61554 + Online-Lernprogramm MyLab .... Best.-Nr. 61555ML
Abschlussprüfung Deutsch .... Best.-Nr. 61540
Lösungsheft zu Best.-Nr. 61540 .... Best.-Nr. 61544
Gesamtpaket:
61540 + 61544L + Online-Lernprogramm MyLab .. Best.-Nr. 61540ML
Sammelband Abschlussprüfung M, D, E .... Best.-Nr. 61400
Lösungsheft zu Best.-Nr. 61400 .... Best.-Nr. 61401

Realschulabschluss Thüringen

Abschlussprüfung Mathematik .... Best.-Nr. 161500
Abschlussprüfung Deutsch .... Best.-Nr. 161540
Abschlussprüfung Englisch mit MP3-CD .... Best.-Nr. 161550

Realschulabschluss Sachsen

Abschlussprüfung Mathematik .... Best.-Nr. 141500
Abschlussprüfung Deutsch .... Best.-Nr. 141540
Abschlussprüfung Englisch mit MP3-CD .... Best.-Nr. 141550
Abschlussprüfung Biologie .... Best.-Nr. 141570
Abschlussprüfung Chemie .... Best.-Nr. 141573
Abschlussprüfung Physik .... Best.-Nr. 141530

Realschulabschluss Sachsen-Anhalt

Abschlussprüfung Mathematik .... Best.-Nr. 151500
Abschlussprüfung Deutsch .... Best.-Nr. 151540
Abschlussprüfung Englisch mit MP3-CD .... Best.-Nr. 151555

Realschulabschluss Niedersachsen

Training Abschlussprüfung Mathematik .... Best.-Nr. 31500
Lösungsheft zu Best.-Nr. 31500 .... Best.-Nr. 31500L
Gesamtpaket:
31500 + 31500L + Online-Lernprogramm MyLab .. Best.-Nr. 31500ML
Training Abschlussprüfung Deutsch mit MP3-CD ..... Best.-Nr. 31540
Lösungsheft zu Best.-Nr. 31540 .... Best.-Nr. 31540L
Gesamtpaket:
31540 + 31540L + Online-Lernprogramm MyLab .. Best.-Nr. 31540ML
Training Abschlussprüfung Englisch mit MP3-CD ..... Best.-Nr. 31550
Lösungsheft zu Best.-Nr. 31550 .... Best.-Nr. 31550L
Gesamtpaket:
31550 + 31550L + Online-Lernprogramm MyLab .. Best.-Nr. 31550ML

Mittlere Reife Mecklenburg-Vorpommern

Abschlussprüfung Mathematik .... Best.-Nr. 131500
Abschlussprüfung Englisch
mit Hördateien zum Download .... Best.-Nr. 131550

Realschulabschluss Hamburg

Abschlussprüfung Mathematik .... Best.-Nr. 21500
Lösungsheft zu Best.-Nr. 21500 .... Best.-Nr. 21500L
Abschlussprüfung Deutsch .... Best.-Nr. 21540
Lösungsheft zu Best.-Nr. 21540 .... Best.-Nr. 21540L
Abschlussprüfung Englisch mit MP3-CD .... Best.-Nr. 21550

MSA Berlin · Brandenburg

Training MSA Mathematik Berlin · Brandenburg ..... Best.-Nr. 111500
Lösungsheft zu Best.-Nr. 111500 .... Best.-Nr. 111500L
Training MSA Deutsch Berlin · Brandenburg .... Best.-Nr. 111540
Lösungsheft zu Best.-Nr. 111540 .... Best.-Nr. 111540L
Training MSA Englisch mit MP3-CD Berlin .... Best.-Nr. 111550

Zentrale Prüfung NRW

Training Zentrale Prüfung Mathematik 10. Klasse
Realschule · Gesamtschule EK .... Best.-Nr. 51500
Lösungsheft zu Best.-Nr. 51500 .... Best.-Nr. 51500L
Gesamtpaket:
51500 + 51500L + Online-Lernprogramm MyLab .. Best.-Nr. 51550ML
Training Zentrale Prüfung Mathematik 10. Klasse
Hauptschule Typ B · Gesamtschule EK .... Best.-Nr. 53501
Lösungsheft zu Best.-Nr. 53501 .... Best.-Nr. 53501L
Training Zentrale Prüfung Deutsch 10. Klasse
Realschule · Gesamtschule EK · Hauptschule Typ B .. Best.-Nr. 51540
Lösungsheft zu Best.-Nr. 51540 .... Best.-Nr. 51540L
Gesamtpaket:
51540 + 51540L + Online-Lernprogramm MyLab .. Best.-Nr. 51540ML
Training Zentrale Prüfung Englisch mit MP3-CD
Realschule · Gesamtschule EK · Hauptschule Typ B .. Best.-Nr. 51550
Lösungsheft zu Best.-Nr. 51550 .... Best.-Nr. 51550L
Gesamtpaket:
51550 + 51550L + Online-Lernprogramm MyLab .. Best.-Nr. 51550ML

Natürlich führen wir noch mehr Titel für alle Fächer und Stufen: Alle Informationen unter
www.stark-verlag.de

Lernen · Wissen · Zukunft
STARK

Bestellungen bitte direkt an:
STARK Verlagsgesellschaft mbH & Co. KG · Postfach 1852 · 85318 Freising
Tel. 0180 3 179000* · Fax 0180 3 179001* · www.stark-verlag.de · info@stark-verlag.de
*9 Cent pro Min. aus dem deutschen Festnetz, Mobilfunk bis 42 Cent pro Min.
Aus dem Mobilfunknetz wählen Sie die Festnetznummer: 08167 9573-0